Cătălin Tudor Bănică

TULCEA în sec. XIX

ISTORIE, MASONERIE şi TRADIŢIE

Editura LUX MUNDI

Bucureşti 2023

Descrierea CIP a Bibliotecii Naţionale a României
BĂNICĂ, CĂTĂLIN TUDOR
   Tulcea in sec XIX : istorie, masonerie şi tradiţie / Cătălin Tudor Bănică. - Bucureşti : Lux Mundi, 2023
   Conţine bibliografie
   ISBN 978-606-95666-4-0

94
061.236.6

Copyright @ 2023 Editura Lux Mundi

Toate drepturile asupra prezentei ediţii în limba română aparţin în exclusivitate Editurii Lux Mundi.

Realizare grafică: Oana Savu

Editura LUX MUNDI este deţiuntă de către Asociaţia LUMINA LEX. Misiunea editurii LUX MUNDI este susţinerea şi promovarea autorilor de carte din România, indiferent de vârstă.

Asociaţia LUMINA LEX, prin editura LUX MUNDI îşi doreşte să îi ajute pe cei care încă mai cred că scrisul şi cititul pe suport de hârtie reprezintă o modalitate de întregire a făpturii omeneşti, atât de împrăştiată în diversitate în această eră digitală.

editura@luxmundi.ro

CUVÂNT ÎNAINTE

Misterul care învăluie masoneria când o priveşti din afară, din societate, din viaţa noastră de zi cu zi, a fost unul dintre motivele care m-au făcut încă din timpul facultăţii să îmi doresc să aflu tot mai multe informaţii legate de această organizaţie.

În afara nenumăratelor cărţi şi studii pe care le-am parcurs şi din care am încercat să aflu cât mai multe despre istoria şi simbolismul acestei frăţii străvechi, ceea ce m-a atras cel mai mult a fost istoria acestei organizaţii în arealul definit de gurile de vărsare ale Dunării în Marea Neagră.

Născut şi trăit în Tulcea, un oraş nu foarte mare, dar nici foarte mic, am fost uimit să găsesc în mediul public multe informaţii despre masonerie şi masoni care au marcat societatea şi istoria oraşului meu natal.

Nu multe oraşe din România se mândresc cu o tradiţie respectabilă cum este cea a oraşului Tulcea, ale cărei începuturi datează din secolul al XIX-lea şi cu înfăptuiri notabile, demne de arta de a şlefui cu uneltele francmasoneriei piatra brută a timpului.

Conform informaţiilor existente, trebuie să spun că există două direcţii clare în care această organizaţie îşi ajută membrii să progreseze.

Una dintre direcţii vizează modelarea spirituală a masonilor angajaţi într-un continuu proces de cunoaştere şi de autocunoaştere, în timp ce cealaltă este orientată cu deschidere spre lumea profană, în acţiuni caritabile şi de progres cultural şi social.

Autorul

PREFAŢĂ

Cartea de faţă se adresează tuturor celor pasionaţi de istorie în general.

În mod particular, ceea ce este foarte interesant în această lucrare a autorului Cătălin Tudor Bănică, este faptul că a reuşit să împletească în mod inedit informaţii din diferite zone de activitate care ţin de istoria oraşului Tulcea din perioadă foarte agitată a sfârşitului secolului XIX.

În paginile acestei cărţi identificăm problematica cu care se confruntau locuitorii zonei Dobrogea în perioada analizată. Este foarte interesant de urmărit cum multe informaţii ies la iveală fiind puse la un loc într-o modalitate foarte interesantă şi atractivă.

Membru al „**Grupului de Studii Iniţiatice şi Ezoterice LUX MUNDI**", Cătălin Tudor Bănică, ne arată în paginile acestei cărţi, exact esenţa a ceea ce a dus la constituirea acestui grup: *„informaţia există, important este să reuşeşti să o interpretezi"*.

Ceea ce găsim în paginile cărţii reprezintă o interpretare şi conexare a unor informaţii cunoscute de-a lungul timpului, dar publicate separat, fără a se continua punerea împreună a acestora. Mai ales în ceea ce priveşte proiecţia în timp a unor activităţi şi informaţii existente în perioada analizată, dar şi anumite aspecte ce ţin de prezent şi pot fi explicate prin prisma modului în care istoria şi evenimentele similare, au arătat cum se întâmplă de fapt.

Este binecunoscut faptul că istoria este scrisă de către învingători, dar Cătălin Tudor Bănică a reuşit să treacă dincolo de aceste bariere şi a identificat unele informaţii ce ne pot ajuta să avem o imagine de perspectivă asupra întregului care este reprezentat de toate acţiunile noastre.

Abordarea prin care Cătălin Tudor Bănică reuşeşte să le interpreteze, să le explice şi să le aducă în faţa celor interesaţi, poate reprezenta o nouă modalitate de a înţelege că adevărul este lângă noi, dar trebuie doar să fim atenţi, să înţelegem şi să interpretăm corect informaţiile existente.

Grupul de Studii Iniţiatice şi Ezoterice

LUX MUNDI

PREAMBUL

Importanța și existența masoneriei în momente „cheie" din istorie

În perioada imediat următoare revoluţiei paşoptiste, pe teritoriul de astăzi al României, emulaţia activităţii începute în lojile masonice din Franţa de către iniţiatorii revoluţiei din 1848, a cunoscut o dezvoltare deosebită.

O activitate masonică intensă s-a desfăşurat şi la Tulcea, un oraş important prin aşezarea sa geografică de capitală a Deltei Dunării. Dobrogea fusese unită cu statul roman abia în 1878, dar totuşi în ciuda acestui trecut limitat şi redus ca istoric alături de statul roman, mişcarea masonică tulceană era racordată la cea din întreaga ţară, fiind consemnată în documentele din arhivele pariziene.

De ce în arhivele pariziene?

Pentru că în acea perioadă, dezvoltarea masoneriei din România s-a realizat pe bazele revenirii studenţilor romani de la Paris şi datorită dezvoltării francofoniei în această zonă geografică.

Din punct de vedere istoric, apropierea de Franţa şi faptul că România a mers pe drumul francofoniei şi al francofiliei, lăsând

Costache Petrescu - Grupul de manifestanţi pentru revoluţie la 1848

pe un plan secund sau chiar mai îndepărtat interesul pentru lumea britanică şi anglofonă, a avut anumite urmări, uneori benefice, alteori mai puţin, pe care le voi detalia mai târziu. Această a doua opţiune, cea legată de apropierea de Anglia, nu era ceva viabil în acea epocă, în conformitate cu poziţionarea geopolitică a României de atunci. Veritabila concurenţă pentru francmasoneria franceză era numai cea italiană.

Implicarea în masonerie a membrilor de marcă ai societăţii, atât din România cât şi din toate ţările europene, au reprezentat o punte prin care, pe plan internaţional, au fost realizate anumite alianţe şi s-au urgentat anumite decizii.

Exemplele cele mai elocvente sunt unele puncte de hotar în istoria ţării noastre.

Asocierea masoneriei din România cu diferite structuri masonice externe de-a lungul istoriei a avut conexiuni evidente cu unele decizii luate pe plan internaţional ce au influenţat situaţia socială şi politică a României.

Uneori, am fost foarte avantajaţi ca şi naţiune, alteori, lucrurile nu au stat tocmai fericit.

Din perspectiva unor „asocieri" ce au avut rezultate opuse, menţionez la capitolul „reuşite" perioada sfârşitului secolului XIX.

Masoneria din România era aproape „colonizată" de către Marele Orient al Franţei de la Paris, iar acest aspect a influenţat decisiv succesul României în Tratatele care au urmat Primului Război Mondial.

Inclusiv Unirea de la 1 Decembrie 1918 a avut un substrat legat de masonerie şi o implicare decisivă a masonilor în legătură cu această dată de maximă importanţă în istoria României.

Conform istoricului Gheorghe Bichicean: În „Memoriile" sale, Alexandru Vaida Voevod prezintă laconic activitatea sa în loja pariziană „Ernest Renan": *„Huart era redactor la „Le Temps" şi Venerabilul lojei francmasonice Ernest Renan. În înţelegere cu Brătianu, am făcut cunoştinţă cu dânsul şi am intrat în lojă, împreună cu C. Brediceanu, M. Şerban, Gh. Crişan, I. Pilat, Tr. Vuia şi V. Niţescu. După îndeplinirea formalităţilor rituale am participat de 4-5 ori la „lucrările" lojei. (...) În mijlocul frământărilor prin cari trecea delegaţia noastră, am primit o broşură de propagandă jugoslavă. I-am prezentat-o domnului I.I.C. Brăteanu. Era redactată cu multă dibăcie perfidă, mai cu seamă partea referitoare la Banat. Revendicările sârbeşti cuprindeau Banatul, împreună cu Timişoara, Oraviţa, Reşiţa. Prefaţa broşurei era scrisă de un general francez, care recomandă călduros, pretenţiile yugoslave, atenţiei binevoitoare a delegaţilor conferenţei şi semnă cu titlul celui mai înalt* *conducător al francmasoneriei franceze.* (Marele Maestru al Marii Loji a Franţei, generalul Peigné, n.n. - G.B.)

Ce era de făcut? Nu luăm nici o dispoziţie fără avizul prealabil şi fără aprobarea şi sfatul lui Brăteanu, şeful delegaţiei. Astfel şi în cazul dat, rezultatul a fost că, Brăteanu m-a autorizat să eau contact cu cercuri francmasonice, spre a le informa în sensul intereselor noastre româneşti. Printr-un profesor al universităţii din Bucureşti, vechiu distins luptător al cauzei naţionale, am făcut cunoştinţă cu redactorul politic Huard al ziarului „Le Temps" (oficiosul guvernului francez). Huard era şeful lojei „Ernest Renan". Dânsul mi-a dat toate informaţiile referitor la francmasonerie, invitându-mă să intru, împreună cu câţiva prieteni **fiind singură delegaţia română la Conferinţa de pace, care nu are nici un membru francmason, în şirul ei.**

I-am referat lui I.I.C. Brăteanu şi, în urma hotărîrei sale, ne-am înscris în loja Ernest Renan, mai mulţi inşi".

Unsprezece membri din această lojă erau jurnalişti, ceea ce este în măsură să explice presa favorabilă de care s-au bucurat ulterior românii la Conferinţa de Pace de la Paris.

Oportunitatea iniţierii lui Vaida Voevod în masonerie se distinge prin claritate şi pragmatism. Consecinţa a fost că, ulterior iniţierii în francmasonerie, statutul celor şapte membri ai delegaţiei române s-a schimbat, audienţa în rândul oamenilor politici, a cercurilor franceze, a presei, fiind mult mai ridicată şi pozitivă, iar promovarea intereselor României se dovedea a fi câştigată.

„De unde se cade să mai cinstim cu un gând bun activitatea lui Al. Vaida Voevod - scria Pamfil Șeicaru - care a reuşit să convingă Consiliul suprem al păcii să stabilească graniţele dincolo de oraşul Arad, evitând să se facă o mare nedreptate.

Este cât se poate de clar pentru orice istoric, că aceasta a fost o decizie politică ce a aparţinut lui Alexandru Vaida Voevod, Ionel Brătianu şi Iuliu Maniu, iar susţinerea şi promovarea intereselor României la Conferinţa de Pace de la Paris, deschisă în primăvara anului 1919, s-a dovedit a fi un inevitabil şi necesar parcurs care nu putea evita Ordinul masonic.”

***(extras din articolul „În umbra Istoriei”, autor Gheorghe Bichicean, Revista Lux Mundi, Nr 5, Septembrie 2018, pag 5)

Momentul în care avea să se vadă abandonul României de către lumea occidentală avea să fie după instalarea *cortinei de fier.*

În al doilea război mondial, puterile învingătoare erau evident cele anglofone, Franţa fiind o ţară ocupată de Germania nazistă şi fără un cuvânt de spus în configurarea ordinii mondiale. Dacă România ar fi fost tradiţional mai aproape de Anglia - cum a fost cazul Greciei, conduse de o dinastie anglofilă şi în care limba engleză avea altă răspândire decât în România - ar fi avut ţara noastră posibil o altă soartă? Factorul acesta, pe care unii l-ar putea numi subiectiv, joacă totuşi în istorie un rol imens.

Ajungând în „timpurile noastre” putem găsi tot două exemple antagonice legate de implicarea masoneriei în anumite momente din istoria României.

În zilele de 30 şi 31 mai 2003 fosta „Casă a Poporului”,

actualul Palat al Parlamentului, a fost transformat în „cel mai mare Templu masonic al lumii pentru 2 zile", în prezenţa lui Robert Woodward, şeful Lojilor Bazelor NATO, dar şi a lui Fred Kleinknecht, conducătorul „Supremului Consiliu Mamă a Lumii" din SUA, cu ocazia „aniversării a 10 ani de la reconstituirea în România a Ritului Scoţian Antic şi Acceptat".

Organizarea ceremoniilor a fost realizată de către Constantin Iancu, ca Suveran Mare Comandor al Supremului Consiliu al Ritului Scoţian din România. La acest eveniment au participat aproape 2000 de „iniţiaţi şi neiniţiaţi", 250 dintre aceştia primind plachete masonice omagiare ca „personalităţi ale vieţii publice".

S-a făcut o adevărată paradă de somităţi ale masoneriei mondiale „regulare" pro-NATO la Palatul Parlamentului, precum Fred Kleinkhnecht, şeful Supremului Consiliu Mamă a Lumii din Washington pentru Ritul Scoţian, dar şi conducătorii Ritului din Italia, Germania, Austria, Portugalia, Ungaria şi Bulgaria, etc, toţi venind împreună cu delegaţii masonice impresionante. Persoana „cheie" a întregului eveniment a fost amiralul Robert Woodward, şeful lojilor bazelor NATO, care, entuziast, declara că *„în România se face treabă (…masonică…) excelentă, nu doar ca număr de membri, ci şi sub aspectul calităţii oamenilor"*.

Fred Kleinkhnecht, conducătorul mondial al Ritului Scoţian, a afirmat că *francmasoneria românească este un miracol"* şi a declarant public faptul că „în următorii cinci ani în România va fi cel mai puternic Suprem Consiliu din Europa".

În cuvântul său de deschidere, Constantin Iancu saluta importanta „prezenţă a iubitului nostru frate Robert Woodward, the chief of the NATO Bases Lodges".

În seara primei zile, 30 mai, conducătorii delegaţiilor masonice străine împreună cu conducătorii masoneriei române s-au deplasat la Palatul Cotroceni, unde au fost primiţi de către Preşedintele de atunci, Ion Iliescu, care I-a decorat pe Fred Kleinknecht, cu cea mai înaltă decoraţie românească, „Steaua României în Grad de Mare Ofiţer".

Întrunirea s-a încheiat pe 31 mai (2003) în Sala Unirii din Palatul Parlamentului cu *„un bal impresionant... cel mai mare din istoria postdecembristă a României... probabil cel mai mare eveniment de acest gen organizat vreodată în România"*.

Întâmplător sau nu, deşi eu nu sunt o persoană care să creadă în coincidenţe, la mai puţin de un an de la evenimentele prezentate mai sus România a devenit membru al Organizaţiei Tratatului Atlanticului de Nord, o dată cu depunerea instrumentului de aderare la organizaţiei la Departamentul de Stat al Statelor Unite ale Americii la Washington, D.C., la 29 martie 2004.

Nu acelaşi succes putem spune că l-a avut masoneria în demersurile generale derulate pe toate planurile cu privire la aderarea României la spaţiul Schengen.

De fapt, masoneria nu a putut să ajute sau să se implice datorită a două elemente care au creat imposibilitatea abordării problematicii de interes naţional pe acest canal, care a dovedit de atâtea ori că este o cale ce a soluţionat multe dintre situaţiile generale, care nu puteau fi iniţiate altfel.

Cele două elemente ţin de lipsa de unitate din interiorul organizaţiei masonice ce a început din anul 2019 şi s-a exacerbat în 2020 prin faptul că din luna octombrie a acelui an, francmasonii din cadrul M∴L∴N∴R∴ recunoşteau 2 conduceri complet diferite.

Prin această problemă internă care a măcinat cele două grupări, a fost evident imposibil să se poată acţiona în extern cu credibilitate şi la un nivel de top, cum a fost poziţionată francmasoneria din România până la momentul critic (cunoscut pe plan mondial) din anul 2020.

Un alt element care a contat în imposibilitatea abordării acestui canal de comunicare, conform unor surse de încredere, dar care au dorit să îşi păstreze anonimatul, a fost generat de succesul masoneriei din România din anul 2014 cu privire la conducerea Conferinţei Mondiale a Marilor Loji Regulare. Acest succes a fost obţinut în detrimentul unei potenţiale strategii prealabile conform căreia obţinerea acestei funcţii ar fi fost dorită şi solicitată de către Marele Maestru din Germania.

Tot persoane implicate în fenomen, au precizat că Marele Maestru al Marii Loji din Austria, care iniţial îşi anunţase şi el candidatura, a renunţat la aceasta prin neprezentarea la evenimentul de la Palatul Parlamentului din anul 2014.

O explicaţie pe care am primit-o în legătură cu imposibilitatea abordării tematicii de mai sus cu masoneria din Austria, a fost generată şi de această situaţie istorică, pe care nu toţi masonii o ştiau.

Revenind la momentul de la care a început dezvoltarea masoneriei în România şi mai ales la perioada în legătură cu care mă voi referi în cele ce urmează, trebuie remarcat faptul că structura acestei organizaţii, atât în ţara noastră, cât şi pe plan mondial, a trecut prin transformări şi modificări esenţiale, care au avut un impact evident asupra geopoliticii mondiale.

În România, perioada tumultoasă de la sfârşitul sec. XIX şi începutul sec. XX a avut efecte benefice asupra înfiinţării statului naţional unitar român, dar şi în ceea ce priveşte înfiinţarea Marii Loji Naţionale din România.

Conform lui Eugen Diţă, în notele de lucru ce stau la baza cărţii „Masoneria - Mituri, Legende, Realităţi", ce se va tipări în cursul anului 2023: *„Francmasoneria română a cunoscut o mare dezvoltare în timpul domniei Regelui Carol I, când a constituit o veritabilă elită a societăţii româneşti, ce reunea în rândurile sale artişti, politicieni, militari, noua clasă de întreprinzători, dar şi reprezentanţi ai vechii nobilimi/boierimi. Francmasoneria Regulară din România a avut un rol fundamental în crearea şi structurarea statului naţional român - unitar, suveran şi modern. Francmasonii din România au contribuit la dezvoltarea societăţii, la realizarea Unirii Principatelor şi la încheierea tratatelor de pace care au legitimat Independenţa şi Marea Unire, ca un drept just şi imprescriptibil asupra întregului teritoriu românesc."*

CONTEXTUL POLITIC ŞI SOCIAL LA SFÂRŞITUL SECOLULUI XIX

Istoria francmasoneriei tulcene este complexă şi multe dintre referinţele existente, se bazează pe câteva documente ce pot fi accesate în mod public.

Astfel, dovezile circumstanţiale sunt singurele care ne pot ajuta să creăm o imagine de ansamblu asupra ceea ce a reprezentat fenomenul masonic în arealul tulcean.

Pentru a înţelege mai bine situaţia influenţelor şi a potenţialelor apartenenţe la loji masonice din afara zonei, este necesar să ne reamintim contextul istoric ce a precedat apariţia primelor documente legate de existenţa unei loji masonice în oraşul Tulcea.

Unirea Moldovei cu Ţara Românească în 1859 a reprezentat un semnal politic pentru toţi românii din afara hotarelor noului stat modern. Pentru românii din Dobrogea se punea problema drepturilor naţionale în interiorul Imperiului otoman.

Cu toate că regimul juridic otoman a prevăzut în Constituţia din 1876 egalitatea formală în drepturi a tuturor cetăţenilor, indiferent dacă erau musulmani sau creştini, acest lucru nu putea împiedica ascensiunea naţionalităţilor pe plan european.

Astfel, în 1876 izbucnesc răscoalele naţionale în Bosnia, Herţegovina şi Bulgaria, care se resimt din plin şi în Dobrogea. Rusia a susţinut pe toate căile mişcările anti-otomane ale slavilor din Peninsula Balcanică şi căuta un prilej pentru a declara război Imperiului Otoman şi a înainta graniţele Imperiului Rus tot mai mult către Sud. Alexandru al II-lea viza direct obţinerea Basarabiei în urma dezmembrării Imperiului Otoman.

Primele tatonări dintre România şi Rusia au avut loc în toamna anului 1876 la întâlnirea de la Livadia (în peninsula Crimeea). Rusia avea neapărată nevoie de permisiunea României de a-i traversa teritoriul către Turcia.

Preocupată de perspectiva unei invazii ruseşti, Turcia a ordonat autorităţilor dobrogene să retragă populaţia musulmană la Sud de Valul lui Traian şi de a pustii teritoriul din calea armatelor ruseşti. Au fost întărite efectivele militare otomane din cetăţile de pe frontiera cu România.

La 4 aprilie 1877, România şi Rusia au semnat la Bucureşti convenţia prin care România permitea armatelor ruse să traverseze teritoriul românesc spre Balcani, în schimbul obligaţiei de a respecta integritatea teritorială a statului român. La 11 aprilie primele armate ruse au trecut frontiera şi au ocupat rapid poziţiile de la Brăila, Galaţi şi Reni.

În replică, Turcia şi-a amplasat pe Dunăre mai multe vase de război în dreptul marilor porturi. Primele proiectile turceşti au căzut deasupra Brăilei la 4 aprilie, declanşând un răspuns pe măsură a bateriilor româneşti şi ruseşti. Însă Turcia a supraestimat eficienţa puterii navale pe Dunăre şi s-a trezit cu mai multe nave moderne, dar prea mari şi greoaie, scufundate de artileria ruso-română. Mai mult, cu unele puncte nevralgice de pe Dunăre blocate prin scufundarea unor nave umplute cu piatră, cu gurile Dunării blocate în acelaşi mod, flota turcească era neutralizată.

Turcii s-au văzut nevoiţi să-şi retragă flota la Sulina şi Silistra, moment în care s-a produs debarcarea trupelor ruseşti în Dobrogea (în noaptea de 23/24 iunie, la Zimnicea).

Ruşii conduşi de generalul Zimmermann au cucerit mai întâi Măcinul, forţând turcii să se replieze spre Babadag, Hârşova şi Tulcea. Dar acţiunea lor avea mai mult caracterul unei diversiuni, care să distragă atenţia de la deplasarea armatei principale către un sector sudic al Dunării.

Abia la 15 iulie, ruşii au ocupat Constanţa, evacuată în prealabil de turci.

După căderea Plevnei în toamna lui 1877 şi semnarea armistiţiului în ianuarie 1878, Dobrogea este complet părăsită de armatele turceşti.

La 19 februarie 1878 se semnează Tratatul de pace de la San Stefano, prin care se recunoştea independenţa României, Serbiei şi Muntenegrului, precum şi autonomia Bulgariei.

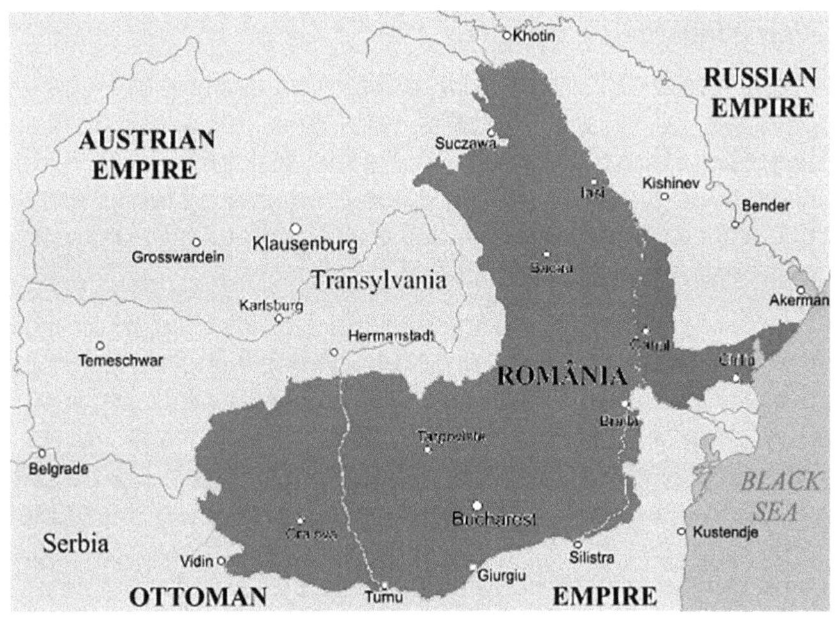

Sudul Basarabiei (1856-1878)

Totodată, în prima formă a tratatului, Dobrogea revenea Rusiei. Însă ruşii au recurs la o stratagemă care a dus într-un final la trasarea unei alte graniţe, îndelung contestată de unii istorici şi politicieni chiar şi în zilele noastre. Mai exact, deşi puteau integra Dobrogea în imperiul lor, ruşii au folosit provincia (lipsită de resurse naturale şi lăsată în debandandă şi paragină de retragerea otomană) ca monedă de schimb.

Harta României după Congresul de la Berlin (1878)

Au oferit Dobrogea României şi au luat în schimb trei judeţe aflate în sudul Basarabiei. Este vorba despre Cahul, Ismail şi Bolgrad, care rămăseseră în stăpânire românească, după ce restul Basarabiei a fost anexat la începutul secolului al XIX-lea de Imperiul Ţarist.

Practic, ruşii şi otomanii au retrasat graniţele după cum au crezut de cuviinţă, scopul fiind acela de a obţine pentru ei cele mai „atractive" dintre teritoriilor locuite de români.

Cu totul ciudat, autorităţile din acea vreme au încercat să refuze să preia Dobrogea în administrare, considerând că, fiind un teritoriu părăsit de populaţia musulmană, jefuit cumplit de cerchezi, într-o debandadă totală, multi-etnic, multi-confesional şi care aducea multiple provocări administrative pentru un stat tânăr, format de doar câţiva ani.

Românii se aflau însă într-o situaţie delicată. Pe de o parte trupele ruseşti încă nu părăsiseră teritoriul Principatelor, iar un refuz categoric al „tranzacţiei" ar fi însemnat o posibilă acţiune în forţă a ţariştilor.

De altfel, chestiunea Dobrogei a stârnit un scandal politic uriaş în ţară.

Iată ce scria Mihai Eminescu, în „Timpul": *„Misiunea României este pe malul stâng al Dunărei, n-are ce căta pe malul drept, unde, deşi locuiesc mulţi români, totuşi majoritatea populaţiunei este de ginte slavă".*

Rusia dorea cu orice preţ Cahul, Ismail şi Bolgrad. Şi le-a obţinut, la Congresul de la Berlin din 1878, orchestrat de marile puteri europene şi condus de cancelarul german Otto von Bismarck. La acel congres, România a fost primită doar ca stat observator, fiind acceptată la o singură şedinţă, cea care o viza în mod direct.

Cu toată opoziţia clasei politice româneşti, situaţia era clară. Sfătuit şi de tatăl său, Carol I, a acceptat schimbul. România devenea independentă şi primea Dobrogea, adică teritoriul format din insulele Dunării, sangiacul Tulcea, dar şi teritoriul de la vest de Silistra şi până la Mangalia.

Totul era consfinţit prin forma finală a Tratatului de la Berlin din iulie 1878, la articolele 22-46.

În toamna lui 1878, Carol I a dat şi o proclamaţie către dobrogeni prin care îi asigura de bună credinţă dar şi de respectarea drepturilor etnice şi confesionale.

„Locuitori de orice naţionalitate şi religie, Dobrogea, vechea posesiune a lui Mircea cel Bătrân, de astăzi face parte din România. Voi de acum atârnaţi de un stat unde nu voinţa arbitrară, ci numai legea dezbătută şi încuviinţată de naţiune hotărăşte şi ocârmuieşte. Cele mai sfinte şi mai scumpe bunuri ale omenirii: viaţa, onoarea şi proprietatea sunt puse sub scutul unei Constituţii pe care ne-o râvnesc multe ţări străine. Religiunea voastră, familia voastră, pragul casei voastre vor fi apărate de legile noastre şi nimeni nu le va putea lovi, fără a-şi primi legitima pedeapsă", se arată (fragment) în proclamaţie.

DIPLOMĂ DE ÎNCETĂȚENIRE

PENTRU

LOCUITORII DIN JUDEȚELE CONSTANȚA ȘI TULCEA

În numele Maiestății Sale Regelui CAROL I,

Noi, Președintele și Membrii Comisiunii pentru întocmirea primelor liste electorale în județul Tulcea, instituită conform art. 4 din legea pentru acordarea drepturilor politice locuitorilor din județele Constanța și Tulcea, promulgată cu decretul regal No. 1401 din 8 Aprilie 1909 (Monitorul Oficial No. 16 de la 19 Aprilie 1909) și modificată prin legea promulgată cu decretul regal No. 1462 din 13 Aprilie 1910 (Monitorul Oficial No. 12 de la 14 Aprilie 1910),

Având în vedere *hotărârea Comisiunei* No. 6049 din 9 Iunie 1911;

Pe temeiul art. 3, alin. *a* din zisa lege,

Și în conformitate cu art. 23 din regulamentul privitor la punerea în aplicare a citatei legi, decretat sub No. 1502|910 și publicat în Monitorul Oficial No. 14 din 16 Aprilie 1910.

Liberăm această diplomă

Domnului *Cozma Andrei*, domiciliat în comuna *Tulcea*, din județul Tulcea, spre a se bucură de drepturile politice, potrivit dispozițiunilor legii de mai sus.

Dată în Tulcea astăzi, *22 Iunie 1911*

PREȘEDINTE,

(L. S.)

MEMBRII:

GREFIER,

Dobrogea pustiită (se estimează că aproximativ 60% din populaţia turcică a părăsit zona odată cu retragerea otomanilor) este repopulată, în special cu populaţie românească.

La sfârşitul ostilităţilor, Dobrogea se prezenta într-un tablou dezolant: majoritatea musulmanilor părăsiseră provincia, o mare parte dintre cerchezi s-a dedat la jafuri, distrugeri, crime, terorizând populaţia rămasă, au avut loc numeroase răfuieli între creştini şi musulmani.

În marea lor majoritate, românii au rămas la locurile lor şi au adoptat o atitudine paşnică şi tolerantă. Între 1877-1878 s-a instaurat administraţia provizorie rusească. Imediat după preluarea de facto a teritoriului, administraţia românească a trecut la reorganizarea şi reconstruirea provinciei.

A fost abolită dijma otomană şi introdus un sistem mai uşor de taxe. Prin decret domnesc au fost garantate proprietăţile locuitorilor care le abandonaseră în timpul războiului.

În acest context, trebuie înţeles faptul că pe teritoriul Dobrogei, existenţa masoneriei, nu era ceva de actualitate şi nici măcar nu putea fi un factor de influenţă a oricărei decizii politice sau de a influenţa negocierile internaţionale, atâta timp cât cei care luau deciziile în privinţa teritoriilor în discuţie erau „Ţarul", „Sultanul" şi „Cancelarul".

Nu neg existenţa masonilor în zonă, dar influenţa lor şi mai ales numărul lor era ceva nesemnificativ. În mod evident, dacă erau în activitate, ei erau membri în loji masonice din alte ţări, unde acest fenomen avea o alta amploare, istorie şi dezvoltare.

Analizând zonele de influenţă existente, putem concluziona că speculaţiile ce se bazează pe dovezi circumstanţiale pot fi luate în considerare ca şi elemente ce pot constitui baza dezvoltării masoneriei în Tulcea.

ISTORIE ŞI MITURI DESPRE TREI PERSONALITĂŢI ALE ORAŞULUI TULCEA CARE SUNT CONSIDERAŢI MASONI

Prin tratatul de la Berlin, Dobrogea a fost repopulată cu mulţi români şi în mod evident, s-au ocupat poziţiile cheie necesare administrării şi controlării noului teritoriu integrat. Astfel, putem specula faptul că cei care au participat la Revoluţia de la 1848, s-au implicat atât în Unirea de la 1859, dar şi ulterior în tot ceea ce a reprezentat derularea activităţii statului nou format.

În spaţiul public exista vehiculate 3 nume de referinţă din istoria Dobrogei care sunt menţionate ca „fondatori" şi precursori ai masoneriei Tulcene. Aici mă refer la Nicolae Bălăşescu (Nifon, după intrarea în monahism), Charles Hartley (Sir Charles Augustus Hartley) şi Ismail Bey.

NICOLAE (NIFON) BĂLĂȘESCU

Este evident că în România anului 1859 dar şi în perioada următoare, francofonia şi francofilia era un fapt de necontestat. Cei care au fost promotorii Revoluţiei erau cunoscuţi ca şi membri ai masoneriei franceze încă din perioada studenţiei.

Dintre aceştia (deşi nu există documente oficiale care să ateste aşa ceva) îl putem considera în mod circumstanţial ca mason pe **Nicolae Bălăşescu** alias Nicolae Belaşcu alias Nifon Bălăşescu (n. 1806, Haşad, judeţul Sibiu - d. 1880, Măcin, judeţul Tulcea) şi în mod evident ca deschizător de drum pentru implementarea principiilor masonice prin propriul exemplu şi activitatea extraordinară desfăşurată în Dobrogea.

Pentru conformitate, pentru toată activitatea sa de dinainte de a se călugări, îi voi folosi prenumele sau - Nicolae.

Conform Nicolae C.Ariton şi Alexandru Stroie (Reflecţii asupra începuturilor francmasonice în Tulcea, din 23 februarie 2014) *„Nifon Bălăşescu, ctitorul de şcoli dobrogene, a făcut parte din grupul de masoni condus de Nicolae Bălcescu, participând la întâlnirile secrete ale acestora, în cadrul societăţi secrete Frăţia, ce continuau tradiţia Societăţii literare, ambele organizate după tipicul masonic.*

Rolul lui Nifon Bălăşescu a fost acela de a asigura legătura revoluţionarilor paşoptişti din Ţara Românească cu cei din Transilvania, în revoluţia cărora Bălăşescu s-a şi implicat direct, motiv pentru care a şi fost arestat."

Aceste referiri sunt singurele existente cu privire la potenţiala apartenenţa a lui Nicolae Bălăşescu la masonerie sau la societatea Frăţia.

Conform site-ului de prezentare a şcolii gimnaziale „Nifon Bălăşescu din Tulcea (https://www.scoalanifonbalasescu.ro/istoric/), *„participant la revoluţia de la 1848 şi la Adunarea de Blaj, Nifon Bălăşescu a făcut parte din Comitetul permanent de la Sibiu, semnând apeluri către naţiune. În timpul revoluţiei paşoptiste din Transilvania, Nifon Bălăşescu, a fost ales membru al Comitetului Naţional Român, participând la Marea Adunare Naţională de la Blaj din luna mai 1848."*

Ca şi activitate profesională în Dobrogea, din anul 1870 Nicolae Bălăşescu ajunge pe aceste meleaguri, activând ca profesor la Tulcea şi Măcin. La Tulcea, datorită stăruinţelor comunităţii româneşti, în frunte cu Manea Giulea, a înfiinţat o şcoală primară, fiind şi primul ei profesor.

Între 1871-1875 îndeplineşte funcţia de director al şcolilor româneşti din Dobrogea aflată sub ocupaţia otomană, înfiinţând 21 de şcoli primare româneşti, din care 15 în localităţile judeţului Tulcea (Tulcea, Niculiţel, Isaccea, Dăeni, Măcin, Greci, Turcoaia, Jijila, Peceneaga, Azaclău, Pisica, Văcăreni, Luncaviţa, Ostrov, Rachelu), obţinând ca învăţătorii să fie plătiţi din fondurile statului.

Nifon Bălăşescu şi-a dat obştescul sfârşit, probabil, în luna octombrie 1880, la Măcin.

Despre perioada monahică, ştim doar că marea sa dorinţă a fost să ajungă la un Schit din Muntele Athos unde să îşi trăiască ultimele zile, dar nu a reuşit. Acesta poate să fie cel mai mare regret al său înainte de a trece la cele veşnice.

Revenind la tematica stabilită, în afara referinţelor neatestate documentar privind apartenenta lui la frăţia masonică, respectiv afirmaţia lui Nicolae C.Ariton şi a lui Alexandru Stroie (Reflecţii asupra începuturilor francmasonice în Tulcea, din 23 februarie 2014) conform căreia Nicolae Bălăşescu, *„a făcut parte din grupul de masoni condus de Nicolae Bălcescu, participând la întâlnirile secrete ale acestora, în cadrul societăţii secrete Frăţia”* nu am găsit alte documente sau referinţe documentare.

Rămâne doar modul în care prin tot ceea ce a făcut, a scris o pagină de aur în istoria Dobrogei în general şi a oraşului Tulcea în particular, în ceea ce priveşte dezvoltarea sistemului de învăţământ, dar şi prin conduita lui exemplară ce părea să fie specifică masonilor din acea vreme.

CHARLES HARTLEY

O altă personalitate care a scris istorie pe meleagurile tulcene este **Charles Hartley** „Sir Charles Augustus Hartley” (3 februarie 1825 - 20 februarie 1915) cunoscut inginer civil britanic din epoca victoriană. Datorită lucrărilor sale extinse de cartografiere a unuia dintre cele mai lungi fluvii din Europa şi a proiectării unor remarcabile lucrări de regularizare pentru navigaţie pe cursul inferior al acestuia, a devenit cunoscut sub numele de *„Părintele Dunării".*

Situaţia navigaţiei la gurile Dunării, la momentul în care Hartley şi-a luat în primire funcţia, era gravă, mai ales din punct de vedere comercial.

Principala cale de navigaţie sud-est europeană era aproape blocată. Imperiul Rus, fostul ocupant al Deltei Dunării din ultima perioadă, nu făcuse nicio lucrare de decolmatare la gurile de vărsare ale Dunării, iar transportul comercial pe braţul Sulina era haotic.

Principala problemă cu care se confrunta pe atunci navigaţia pe Dunăre între Galaţi şi ieşirea la Marea Neagră era faptul că noile nave comerciale, de capacitate mai mare, aveau şi un pescaj mai mare, care nu le permitea trecerea prin Deltă la ape mici sau în timpul furtunilor.

După multe tergiversări, Comisia europeană a Dunării a decis că lucrările hidrotehnice pentru ameliorarea navigaţiei să se concentreze definitiv pe braţul şi gura Sulina (voi explica separat într-un capitol distinct cum a fost luată această decizie).

După ce, iniţial, proiectul lui Hartley fusese privit cu neîncredere, rezultatele obţinute, îndeosebi creşterea şi menţinerea adâncimilor necesare pentru navigaţie la gura de vărsare a braţului Sulina, au făcut ca reputaţia lui să crească foarte mult.

De la un inginer cvasi necunoscut, lucrând undeva departe, într-o „ţară ciudată", el a devenit deodată obiectul laudelor şi onorurilor.

Comisia Europeană a Dunării a celebrat succesul cu o

serbare organizată la Sulina, la 3 septembrie 1861, serbare la care Charles Hartley s-a aflat în centrul atenţiei.

Apartenenţa „Părintelui Dunării" la organizaţiile masonice este confirmată chiar în biografia sa, publicată în 1989 la editura „Edwin Mellen" din Anglia, sub titlul *A biography of Sir Charles Hartley, civil engineer (1825-1915), the Father of the Danube* [„O biografie a lui Sir Charles Hartley, inginer civil - 1825-1915, Părintele Dunării"].

Conform spuselor sale, Charles Hartley, la scurt timp după anul 1845 în care s-a angajat, la 20 de ani, ca tânăr inginer stagiar la antrepriza care construia o importantă arteră feroviară în Scoţia, Scottish Central Railway, a devenit, împreună cu unul dintre fraţii lui, membru „liber şi acceptat" al unei Mari Loji Masonice Provinciale din Scoţia.

La aproximativ 15 ani după ce a devenit francmason „liber şi acceptat" a primit titlul de Cavaler al Coroanei Britanice (în anul 1862).

Mult mai târziu, în 1884, la 38 ani distanţă de la momentul intrării în francmasonerie, a primit una dintre cele mai importante distincţii ale Coroanei Britanice, respectiv *Knight Commander of the Order of St. Michael and St. George* (KCMG).

Prin această distincţie, Coroana Britanică recunoaşte serviciul într-o ţară străină sau în legătură cu afacerile externe ale Commonwealth-ului; de exemplu munca ofiţerilor şi diplomaţilor din serviciile externe.

În urma unei revizuiri a bazei Ordinului în 1868, aproape toţi guvernatorii generali şi guvernatorii sunt distinşi cu distincţii în cadrul ordinului KCMG, de obicei cu titlul de Cavaler sau Mare Cruce.

Interesant este că toţi cei care au condus ordinul, membri ai familiei britanice, erau francmasonii cu funcţii înalte.

Ca şi exemplu, din anul 1967 până în prezent, acest ordin este condus de către Ducele de Kent (fratele Regelui Charles al

III-lea), care este Marele Maestru al Marii Loji a Angliei.

De ce braţul Sulina este considerat optim pentru navigaţia către Marea Neagră

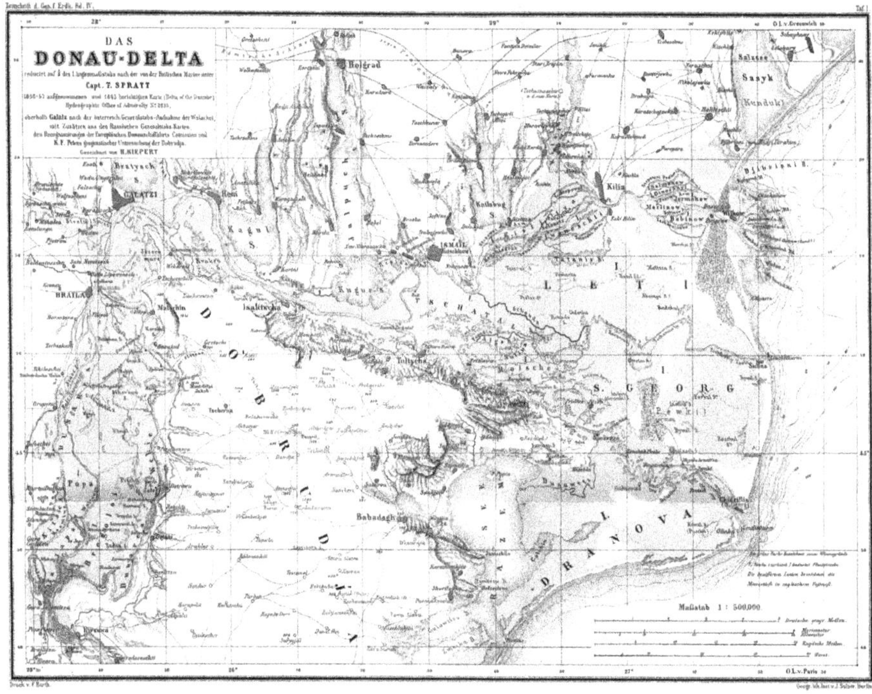

Revenind la contextul actual, legat de canalele navigabile de la vărsarea Dunării în Marea Neagră, este interesant de precizat ceva legat de cercetările şi realizările lui Sir Charles Augustus Hartley.

La comunicarea prezentată la şedinţa din 30 mai 2009 a Subcomitetului Regional CRIFST Constanţa, a Comitetului Român de Istorie şi Filozofie a Ştiinţei şi Tehnicii (CRIFST) de pe lângă Academia Română, arhitectul bucureştean Gheorghe Radu Stănculescu, citând din biografia inginerului englez Sir Charles A. Hartley, „Părintele Dunării", publicată în 1989 preciza:

„La 5 aprilie 1857, Comisia europeană a Dunării a cerut inginerului Hartley să facă un studiu de fezabilitate asupra braţului Dunării, care ar putea fi cel mai bine transformat în canal navigabil, precum şi construirea unui port la gura lui de vărsare.

În octombrie 1857, Hartley (la numai 32 de ani) s-a considerat în măsură să-şi prezinte raportul în faţa Comisiei.

Raportul conţinea date detaliate despre situaţia actuală a curgerii Dunării la vărsare, curenţii de apă, vânturile dominante, vitezele de curgere şi de sedimentare a suspensiilor solide, modul de formare şi evoluţie a barei de la gurile fluviului".

Acest raport cuprindea date despre braţele Sulina şi Sfântul Gheorghe, fără Chilia, pe care Hartley o exclusese din mai multe motive tehnice şi financiare. Amenajarea lui, cu toate că avea cel mai mare debit de apă, era greoaie şi costisitoare datorită deltei secundare complexe.

Au rămas celelalte două braţe, Sulina şi Sf. Gheorghe, pentru a fi alese pentru lucrări definitive de amenajare.

Argumentele pro şi contra pentru unul sau altul din cele două braţe analizate se contrabalansau puternic, aşa că o decizie simplă de alegere era grea.

Braţul Sf. Gheorghe era atunci, în starea lui naturală, mai adânc şi mai larg, şi practic fără bancuri de fund pe parcursul său, cum era braţul Sulina.

Acesta din urmă era deja de atunci mai scurt cu 12 mile (19 km).

Sulina avea avantajul unei ape ceva mai „adânci la bară", cu cel puţin 4 picioare (1, 2 metri) mai mult decât la Sf. Gheorghe. În plus, ieşirea în mare a braţului Sf. Gheorghe se făcea prin două guri, dificil de amenajat în limitele unui buget rezonabil.

Această decizie argumentată încă din anul 1857, nu a fost contestată şi nici nu s-a încercat modificarea ei, cel puţin pe partea românească a Deltei, mai ales în anii comunismului, unde dacă ar fi fost identificată o oportunitate tehnică cu privire la braţul Sf. Gheorghe cu siguranţă s-ar fi demarat lucrări ample de amenajare. Astfel putem înţelege faptul că exceptând aspectul legat de apropierea de Imperiul rus (în acea perioadă), din punct de vedere tehnic canalul Chilia, oricât s-ar mobiliza cei care îl deţin, întreţinerea şi dragarea lui permanentă, se face cu costuri operaţionale foarte mari, iar altă soluţie rezonabilă nu poate fi implementată.

În concluzie este interesant de observat cum analiza situaţiei gurilor de vărsare ale Dunării în Marea Neagră, este neschimbată până astăzi, iar canalul Sulina rămâne o variantă optimă, ideală şi sustenabilă.

ISMAIL BEY

Cea de-a treia personalitate care este legată de istoria oraşului Tulcea şi în legătură cu care s-au făcut conexiuni cu privire la apartenenţa la masonerie este Ismail Bey.

În ceea ce îl priveşte pe Ismail Bey, referinţele masonice sunt practic inexistente, sau mai bine spus, sursa lor trebuie să fie abordată în mod complex, deoarece apartenenţa lui la masonerie poate fi legată şi de Marele Orient al Franţei (părerea mea este că această posibilitate este foarte mică), dar şi de masoneria de sorginte engleză, date fiind relaţiile comerciale ale Imperiului Otoman cu Imperiul Britanic.

Spuneam că referinţele sunt destul de vagi, întrucât fără să avem o dovadă clară, putem specula multe variante legate de activitatea acestei personalităţi care a contribuit în mod real la istoria zonei noastre.

Ştim cu certitudine că mutesariful Ismail Bey, de origine albaneză, apare în unele documente ca Ismail Pasha. Din punct de vedere corect istoric, în perioada în care a fost mutesarif al Tulcei a fost „Bey", titlul de „Pasha" primindu-l mai târziu. Ismail Bey este cel care l-a numit pe Nicolae Bălăşescu director al şcolilor româneşti din Dobrogea (sangeacul Tulcea), în anul 1870.

Această decizie şi susţinerea pentru dezvoltarea sistemului de învăţământ din Dobrogea l-a legat foarte mult de identitatea „părintelui şcolii" dobrogene, Nicolae Bălăşescu.

Despre Ismail Pasha (fost Bey) mai aflăm de la Nicolae C. Ariton şi Alexandru Stroie, din materialul datat din anul 2014 ce este pe blogul **mistereledunarii** intitulat *„Reflecţii Asupra Începuturilor Francmasonice în Tulcea"*, faptul că după ce Imperiul Otoman a pierdut războiul cu imperiul Rus, a participat la Revoluţia Turcă din 1908, organizată de un grup de otomani autointitulat „Jeunes Turcs" cu implicarea membrilor masoni turci, membri ai lojilor afiliate la Grand Orient de France (Marele Orient al Franţei).

Unele surse precizează că Ismail Pasha a fost unul dintre protagoniştii acestei revoluţii, în urma ei fiind numit Preşedintele Camerei Deputaţilor. Această informaţie nu este însă susţinută de documentele publice existente cu privire la *„3rd Chamber of Deputies of the Ottoman Empire"* care a fost fondată în 17 Decembrie 1908 şi dizolvata în 17 Ianuarie 1912. Preşedintele acestui organism politic a fost Ahmet Riza şi vicepreşedinţi au fost Ruhi al-Khalidi şi Mehmet Talat.

În orice caz, în absenţa unui alt nume în afara celui de Ismail este practic imposibil să găsim referinţe, deoarece este un nume foarte comun, iar Bey sau Pasha, nu au legătură cu numele acestuia, fiind nişte titluri aşa cum am precizat mai devreme.

Am auzit unele poveşti conform cărora Ismail Pasha este chiar Ismail Qemali, politician şi om de stat care a fost în grupul fondatorilor Albaniei de astăzi. Povestea este frumoasă şi are ca şi istoric, câteva puncte comune în CV-ul fostului prim ministru albanez şi ministru de externe cu ceea ce ştim despre Ismail Bey Pasha. Cu toate acestea, dacă la început aşa ceva te prinde şi îţi dă speranţă că ar putea fi o informaţie senzaţională, la o cercetare mai atentă, devine evident că sunt şi alte (multe) puncte din viaţa acestuia care diferă de ceea ce ştim despre acel Ismail Bey Pasha care a fost mutesariful Oraşului Tulcea.

Mai apare însă o altă interpretare care generează unele neconcordanţe în ceea ce ţine de istoria acelor vremuri, nu la noi în Tulcea, dar chiar în istoria Imperiului Otoman şi a Albaniei.

Oare Ismail Qemali din Vlora este aceeaşi persoană cu Ismail Kemal bey Vlora?

Singurul aspect concret pe care îl putem accepta şi consemna este ca la noi în Tulcea, Ismail Bey Pasha este o punte de legătură între Nicolae Bălăşescu pe care l-a susţinut, ajutat şi promovat să dezvolte sistemul de învăţământ din Tulcea (şi din Dobrogea) dar şi cu cel care a fost Charles Hartley (Sir Charles Augustus Hartley) „Părintele Dunării”.

Despre referinţe masonice, probabil că există, dar cel puţin eu nu le-am găsit în documentarea pentru culegerea informaţiilor din această lucrare.

CONTEXTUL MASONIC PE TERITORIUL ROMÂNIEI LA SFÂRŞITUL SECOLULUI AL XIX - LEA

Primele loji masonice moderne au fost înfiinţate pe teritoriul actual al României în a treia decadă a sec. al XVIII-lea.

Masoneria românească datează din 1734 (17 ani după fondarea Marii Loji din Londra, în 1717), când în Galaţi, cu substanţiala contribuţie a secretarului princiar Anton Maria del Chiaro, a luat fiinţă „Loggia di Galazzi", iar în 1735, în Iaşi, domnitorul Constantin Mavrocordat a fondat loja „Moldova".

Prinţul Constantin Mavrocordat, unul dintre cei mai iluminaţi conducători români ai secolului XVIII, a fost iniţiat ca francmason de preceptorul fiilor săi, italianul Antonio del Chiaro, în 1734.

Lojile masonice s-au dezvoltat în secolul al XVIII-lea pe o scară largă în toate cele 3 principate româneşti. Cele mai multe loji au fost consemnate în oraşele Dunărene, formate adesea din comercianţii străini, numeroşi în acea epocă de înflorire a relaţiilor comerciale în care Principatele Române erau deja cunoscute exportatoare de cereale.

Lojile au modelat spiritul elitei româneşti şi au permis o extraordinară dezvoltare a ideilor de progres. Tocmai pentru că era francmason într-o lojă de la Viena, Horia, unul dintre conducătorii răscoalei din 1784 a putut să fie primit de Împăratul Iosif al II-lea.

Mai târziu, Tudor Vladimirescu, francmason de asemenea, a condus lupta de eliberare contra Imperiului Otoman. Aceleaşi idei generoase vehiculate de francmasonerie, au impregnat generaţiile de tineri boieri „paşoptişti", provocând lanţul de revoluţii care în 1848 au zguduit Imperiile Rus, Austro-Ungar şi Sublima Poartă. Cei mai mulţi dintre liderii politici, militari şi culturali ai Mişcării Revoluţionare de la 1848 au fost francmasoni: Nicolae Bălcescu, Mihail Kogălniceanu, Gheorghe Magheru, Ion C. Brătianu, Constantin Alexandru Rosetti, Costache Negruzi, şi Vasile Alecsandri.

Francmasonii au fost cei care în 1859 au reuşit Unirea celor două Principate, punându-l în fruntea lor pe Colonelul Alexandru Ioan Cuza, el însuşi francmason.

Guvernul liberal condus de alt francmason, Mihail Kogălniceanu, a pus în practică primele mari reforme care vor moderniza ceea ce era încă Mica Românie şi mai ales prima Reformă Agrară din 1864, care va da ţăranilor pământurile pe care trudeau şi la care aspirau de atâta vreme.

În anul 1866 a fost fondată în Iaşi loja „Steaua României". Interfaţa cu societatea civilă a acestei loji o reprezenta Societatea Literară „Junimea", ce a avut un rol fundamental în cultura şi literatura română a sec. al XIX-lea.

Masoneria a existat pe teritoriul României de astăzi cu mult înainte de anul 1880 - an recunoscut ca fiind de referinţă în istoria acestei organizaţii în acest areal geografic.

Existau la acel moment dat sfere şi zone de influenţa ale marilor puteri politice şi militare care se extindeau şi asupra activităţii masonice.

În cartea sa *„Francmasoneria din România. Mitul fondator”* (Editura Armanis, Sibiu, 2022) istoricul George Bichicean explică faptul că înfiinţarea unei structuri masonice suverane române s-a făcut după proclamarea şi apoi consfinţirea prin Tratatele de pace a Independenţei de stat a României, participantă în războiul ruso-turc din Balcani între 1877 şi 1878, şi apoi la Congresul de pace de la Berlin (1 iunie - 1 iulie 1878).

După acea dată, acţiunile pentru fondarea unei Mari Obedienţe masonice suverane în România au luat amploare. În ţară funcţionau multe loji aflate sub obedienţa Marelui Orient al Franţei, al Marelui Orient Lusitan şi al Marelui Orient al Italiei.

Comitetul Central Masonic din România a proclamat la 2/14 martie 1879 constituirea unui Guvernământ Masonic Independent având ca putere regulatoare Marele Orient al României.

Artizanul realizării acestei structuri a fost colonelul Anton Costiescu. O influenţă deosebită a avut, fără îndoială, climatul politic şi social de după cucerirea independenţei.

Potrivit Constituţiei şi reglementarilor în vigoare la acea dată, după primirea jurământului de la fiecare lojă care aderă după proclamarea Marelui Orient al României constituit şi după numirea demnitarilor, Comitetul Central Masonic se autodizolvă.

Lipsa din deviza „Dreptate, Libertate, Fraternitate” a cuvântului „Egalitate” a determinat unele loji să aibă rezerve faţă de acest Mare Orient.

Marele Orient al României s-a autodizolvat la 15 decembrie 1880 din cauza „echivocurilor principiilor sale”.

Mare parte dintre lojile componente au revenit la Marile Oriente de care aparţineau înainte de constituirea şi afilierea la Marele Orient al României.

George Bichicean ne explică în cartea sa („Francmasoneria din România. Mitul fondator”, Editura Armanis, Sibiu, 2022) cel mai bine situaţia de la acel moment:

„Urmând independenţei de stat a României, „Independenţa Masoneriei Naţionale Romane", cum frumos este intitulat capitolul din istoria pe care a scris-o I.T. Ulic, s-a proclamat cu puţin timp înainte de stingerea Luminilor marelui Orient. Fondarea Marii Loji Naţionale Romane a avut loc la 8 septembrie 1880.

Marele Orient al Franţei a protestat energic contra formării Marii Loji Naţionale Romane şi a intervenit la alte Mari Puteri Masonice, ca să nu recunoască noua Mare Obedienţă română. A susţinut că „acesta ar fi o schismă" şi a invocat „dreptul de proprietate masonică pentru toată peninsula Balcanică".

Nu este un caz izolat. Dezbaterile şi studiile actuale scot în evidenţă că în secolul al XIX-lea şi începutul celui de-al XX-lea, doctrina jurisdicţiei teritoriale a fost în centrul a numeroase conflicte între corpurile masonice europene în imperiile lor coloniale, în special în zonele de suzeranitate politică contestată. Termenul „colonialism" are o dimensiune intraeuropeană şi o dimensiune extraeuropeană.

Pentru Berger, suveranitatea teritorială este la fel de importantă pentru orice autoritate masonică, ca şi pentru guvernul statului respectiv. „Invazia" unei Obedienţe străine pe teritoriul alteia este un act de ostilitate, la fel de reprobabil ca şi invazia unui teritoriu politic de către o putere străină. Teritoriul ca „premisă a suveranităţii statului", a devenit premisa jurisdicţiei masonice şi a suveranităţii.

În anul 1881 a început o dispută între lojile care nu au recunoscut Marea Lojă a lui C. Moroiu şi continuau să se subordoneze Marilor Oriente externe. Disputa a condus, în final, la formarea „Ordinului Masonic Roman" la 1 ianuarie 1883, care activa în baza Constituţiei din 5/17 noiembrie 1880."

Sunt consemnate pentru acea perioadă

fluctuaţii cu privire la aprtenenţa faţă de foruri tutelare în funcţie de unele interese ale celor care se aflau în conducerea lojilor şi puteau influenţa astfel decizia de a se schimba apartenenţa.

În anul 1937, Marea Lojă Naţională Română a fost obligată să intre în adormire. Cauzele sunt complexe.

Poziţia regelui Carol al II-lea şi legăturile sale cu francmasoneria au ridicat unele semne de întrebare, iar răspunsul său la cererea ce i-a fost adresată de a intra în Ordinul Masonic, a fost negativ.

Conform lui Bogdan Bucur („*Jean Pangal, documente inedite. 1932-1942. Contribuţii la analiza reţelelor sociale istorice*", Editura Rao, 2016, p. 478.), Pangal relatează cum a decurs ultima sa audienţă la Suveran, care a premers dizolvării Marii Loji Naţionale, din 8 martie 1937:

„dorind să rămână acelaşi credincios slujitor al Majestăţii Sale, [Pangal] se gândeşte serios la retragerea sa din masonerie, sau chiar la dizolvarea ei.

M.S. Regele a răspuns atunci că <<mai bine dizolv'o>>.

Pangal a răspuns că aşa va face (...) iar ce a urmat: dizolvarea, se ştie."

MASONERIA ÎN TULCEA LA SFÂRŞITUL SECOLULUI AL XIX-LEA

Perioada incipientă a activităţii masonice în Dobrogea în general şi particular în Tulcea este consemnată şi are referiri interesante pe care le voi expune în continuare.

Astfel în cartea Francmasoneria Româna în secolul XIX, Bucureşti, Editura Nestor, 2015, autor Mihai Sorin Rădulescu (n.1966), Profesor Univ. Dr., Departamentul de istoria românilor şi a sud estului european, Facultatea de istorie, Universitatea Bucureşti, găsim multe referinţe legate de istoria masoneriei din România.

Ulterior apariţiei acestei cărţi de maxim interes pentru cei pasionaţi de istoria acestei organizaţii pe teritoriul României, punctual M. S. Rădulescu afirmă că din punct de vedere istoric, loja „Progresul Dobrogei" din Tulcea a reprezentat un punct de referinţă în istoria masonică a zonei, având în vedere poziţia geografică a acestui oraş, capitala Deltei Dunării.

Această lojă, care se afla şi ea sub oblăduirea Marelui Orient al Franţei - a cărei componenţă este reconstituită din aceleaşi surse masonice - includea atât notabilităţi locale, cât şi negustori evrei. Din păcate, nu se pot spune prea multe despre activitatea acestei loji din acea perioadă. Cu toate acestea, se poate presupune că activităţile masonilor erau de natură umanitară şi filantropică.

Din punct de vedere tehnic, este important să înţelegem modul de funcţionare a masoneriei în acea perioadă pe teritoriul

României.

Este evident faptul că existau loji masonice care activau de mulţi ani pe teritoriul Principatelor Romane încă înainte de anul 1877. Cu toate acestea, forma de organizare nu era una locală/naţională, aceste loji activând sub tutela/obedienţa unei organizaţii din altă ţară.

În acea perioadă cele mai multe loji masonice erau subordonate Marelui Orient al Franţei şi câteva (mult mai puţine), Marelui Orient al Italiei.

Au existat mai multe încercări nereuşite de a se fonda/ organiza o structură masonică independentă naţională.

În 1880, căpitanul Constantin Moroiu va reuşi să alăture 6 loji româneşti şi, având Marele Orient Lusitan (Portughez) ca Naş, a aprins luminile primei Obedienţe Româneşti Naţionale şi Independente la 8/20 septembrie 1880 sub denumirea de Marea Lojă Naţională Română.

În mod evident şi preconizat, Marea Lojă Naţională Romană, al cărei prim Mare Maestru era fondatorul ei, Căpitanul Constantin Moroiu, nu a fost recunoscută de către Marele Orient din Franţa şi nici de către Marele Orient al Italiei, care doreau să îşi păstreze influenţa şi controlul asupra lojilor existente în acest teritoriu.

Faptul că aceste loji erau numeroase şi mai ales că în acestea activau membri masoni care deţineau poziţii importante în societate şi astfel puteau reprezenta pârghii evidente de influenţă, au generat parţial şi această reticenţă a celor două mari puteri masonice europene.

Situaţia este confirmată inclusiv de istoricul lojii tulcene „Progresul Dobrogei”.

Deşi Marea Lojă Naţională Română fusese înfiinţată în septembrie 1880, ştim că la 1 februarie 1881, loja „Progresul Dobrogei” trimitea Marelui Orient al Franţei o cerere de regularizare care se păstrează la Paris, în „Biblioteca Naţională a Franţei, în Fonds Maçonnique, dosarul L.Progrès de la Dobrudscha. Correspondance 1881 - 1882". Această informaţie o regăsim în lucrarea „Loji masonice din Ploieşti şi Tulcea" ce îi aparţine lui M.S. Rădulescu.

Conform aceleiaşi surse, aflăm că loja „Progresul Dobrogei" număra la 29 ianuarie 1881, 15 membri. La 31 august 1881, loja cuprindea tot 15 membri.

Dorinţa acestei loji de a se „regulariza" în Marele Orient al Franţei şi a se înregistra în obedienţa acestei organizaţii masonice este bazată pe faptul că loja „Progresul Dobrogei" a fost componentă a Marelui Orient al României care s-a autodizolvat în decembrie 1880.

Este evident faptul că structura organizaţiei construită de Moroiu nu a reuşit să se deschidă către această zonă geografică, deşi Moroiu ca şi activitate militară a activat în zona Dobrogei, respectiv în Mangalia şi Constanţa şi ar fi fost mult mai uşor de gasit puncte comune cu alte loji din zonă.

Este dealtfel uşor de înţeles faptul că Marea Lojă Naţională Romană avea o afiliere către Marele Orient Lusitan în timp ce construcţia pe care plecase loja „Progresul Dobrogei" era bazată pe afilierea franceză şi de aceea, punctele comune erau reduse.

Cu siguranţă loja „Progresul Dobrogei" a fost afiliată la Marele Orient al României, dar nu avem informaţii ca ar fi fost deja constituită la momentul 2/14 martie 1879 când s-a înfiinţat aceasta structură naţională masonică.

Facem aceste speculaţii, deoarece o cerere de regularizare implica acceptarea de către o structură masonica, în cazul de fata Marele Orient al Franţei, a unor masoni care au fost iniţiaţi în cadrul altei structuri masonice.

Nu am informaţii concrete dacă aceşti 15 masoni au fost iniţiaţi în loja „Discipolii lui Pitagora" din Galaţi, care şi ea era afiliată tot Marelui Orient al Franţei, sau o parte dintre ei ar fi fost iniţiaţi chiar în „Progresul Dobrogei" în perioada în care funcţiona în Marele Orient al României.

Cert este faptul că existenţa acestei loji în oraşul Tulcea este anterioară momentului septembrie 1880 când a fost fondată Marea Lojă Naţională Română, sau decembrie 1880 când a fost dizolvat Marele Orient al României.

Organizarea unei loji cu 15 membri care sunt iniţiaţi şi apoi ajunşi la gradul de Maestru mason şi ulterior realizarea procedurilor organizatorice şi instalarea „Ofiţerilor Demnitari" ai lojii ar fi implicat o perioadă mai mare de timp decât cele 4 luni care au trecut de fondarea M∴L∴N∴R∴ din 8/20 septembrie 1880 sau 2 luni de la dizolvarea Marelui Orient al României şi până cererea de regularizare în Marele Orient al Franţei din 1 februarie 1881.

LOJA PROGRESUL DOBROGEI ÎN ANUL 1881

Revenind la data de 1 februarie 1881, când conform lui M.S. Rădulescu loja „Progresul Dobrogei" trimitea Marelui Orient al Franţei o cerere de regularizare care se păstrează la Paris, în Biblioteca Naţională a Franţei, în „Fonds Maçonnique", dosarul „L.Progrès de la Dobrudscha. Correspondance 1881 - 1882" aflăm faptul că cererea era semnată de către Maestrul Venerabil, maiorul Theodor Petrescu, care era şi cavaler de Roza - Croce.

Conform arhivelor „Fonds Maçonnique" ştim că loja „Progresul Dobrogei" a fost acceptată şi recunoscută (instalată) în cadrul Marelui Orient al Franţei la 5 mai 1881.

Până în anul 1883, când avem ca referinţă un document existent la Institutul de Cercetări Eco-muzeale din Tulcea, aflam din două surse: *„Biblioteca Naţională a Franţei, în Fonds Maçonnique, dosarul L.Progrès de la Dobrudscha. Correspondance 1881 - 1882"* ce este citată de către M.S. Rădulescu şi respectiv *„Enciclopedia Ilustrată a Francmasoneriei din România"*, Editura Phobos, anul 2005, autor Horia Nestorescu-Bălceşti că din loja „Progresul Dobrogei" făceau parte:

THEODOR PETRESCU

- De profesie militar de carieră. Născut în anul 1843.
- Iniţiat în anul 1874 în loja „Discipolii lui Pitagora" (Galaţi).

- 1875-1877 Al Doilea Supraveghetor al aceleiaşi loji.

- 1876 deţinea Gradul 18 în capitulul de Roza-Croce „Discipolii lui Pitagora".

- 1881 era Maestru Venerabil Fondator al lojii „Progresul Dobrogei" din Tulcea.

Theodor Petrescu şi-a început cariera militară în anul 1859 ca simplu soldat. A fost promovat Caporal (1860), Sergent (1860), Locotenent (1866), Adj. cl. 2 (1879), Adj. cl.1 (1880), Ofiţer în Reg. lirie Bucureşti (1864), Comandant al Companiei 4 Şerbăneşti din Batalionul 16 Olt Miliţii (1869-1870), Regimentul 4 Infanterie (1871), apoi la Intendenţa Diviziilor 4, 5 (Galaţi), 1,5 (Tulcea) (18721882), Şef al Serv. Intendenţa Divizia 8 Botoşani (1883) apoi din nou la Intendenţă Diviziei 5 Galaţi (1884-1886), Divizia 8 Botoşani (1887-1891) şi apoi la Divizia activă Dobrogeană (1882-1895) când a intrat în rezervă la 52 ani.

GHEORGHE PAVEL RĂTESCU

- De profesie avocat, născut la Piteşti în 20 septembrie 1844, domiciliat la Tulcea.

- Iniţiat ucenic la 1 iunie 1881, în loja „Progresul Dobrogei", avansat calfă la 2/14 septembrie 1881, promovat maestru la 2/14 septembrie 1881.

- Gheorghe Pavel Rătescu a fost în anul 1883 Oratorul lojii Progresul Dobrogei.

- A ocupat demnitatea de Venerabil al lojii în perioada 1884-1886.

Răteştii erau o familie boierească din judeţul Argeş, din care a provenit un episcop al Buzăului, Gherasim Rătescu, a cărui mamă era din familia Bălăceanu.

THEODOR ALEVRA

- Șef de poliţie, născut la Galaţi în 20 iulie 1836, domiciliat la Tulce.

- Iniţiat ucenic la 1 iunie 1881, în loja „Progresul Dobrogei", avansat calfă în 2/14 septembrie 1881, promovat maestru în aceeaşi lojă.

Alevra era o familie boierească din fostul judeţ Râmnicu Sărat, din care mai cunoscut a fost generalul Nicolae Alevra. Numele are o anumită răspândire în lumea grecească.

RAFAEL LUCHIAN

- Locotenent de infanterie, născut la Iaşi în 26 octombrie 1849, domiciliat la Tulcea.

- Iniţiat ucenic la 22 mai/4 iunie 1881, în loja „Progresul Dobrogei", avansat calfă în 9/21 octombrie 1881, promovat maestru la aceeaşi dată şi în aceeaşi lojă.

GRIGORI CHRISTIDI

- Avocat, născut la Bucureşti în 28 ianuarie 1818, domiciliat la Tulcea.

- Iniţiat ucenic în 1876, în loja „Discipolii lui Pitagora" de la Galaţi, avansat calfă şi maestru, la 9/21 decembrie 1881, în loja „Progresul Dobrogei".

- A fost judecător la Tribunalul Tulcea.

MIHAIL G. ALGIU

- Funcţionar, avea 33 de ani în iunie 1882.

- Iniţiat ucenic în 10 iunie 1882.

NICOLAE LOGADI

- Telegrafist, născut la Iaşi în 6 decembrie 1851, domiciliat la Tulcea.

- Iniţiat ucenic în 4 ianuarie 1882, în loja „Progresul Dobrogei", avansat calfă la 7 iunie 1882, promovat maestru în 19 august 1882.

Este de presupus că Nicolae Logadi era o rudă apropiată a lui Petre Logadi - fost subsecretar de Stat la Ministerul de Interne, proprietar funciar, căsătorit cu Ecaterina (zisă Tuşky) Caragiale, fermecătoarea fiică unică a lui I. L. Caragiale.

ALEXANDRU MANO

- Locotenent de infanterie, născut la Bucureşti în 6 noiembrie 1848, domiciliat la Tulcea.

- Iniţiat ucenic în 6 septembrie 1882.

ADRIAN BOGLIACO

- Doctor în medicină, născut la Adrianopol în 29 octombrie 1840, domiciliat la Tulcea.

- Iniţiat ucenic în 21 octombrie 1882, în loja „Progresul Dobrogei", avansat calfa în 4 iulie 1883, promovat maestru la aceeaşi dată.

Conform istoricului Horia Nestorescu Bălceşti („Enciclopedia Ilustrată a Francmasoneriei din România", Editura Phobos, anul 2005,) *„De remarcat faptul că numele de „Bogliaco", ca şi profesiunea de medic a acestui francmason, trimit cu gândul* *la paşoptistul şi poetul Cezar Bolliac, pionier al cercetărilor arheologice româneşti, al cărui tată fusese tot medic şi al cărui nume de familie patern era acelaşi. Să fi existat vreo legătură de rudenie între Cezar Bolliac şi acest doctor mason Adrian Bogliaco?"*

DIMITRIE CAPELLEANU

- Preşedinte la Curtea de Apel, născut la Râmnicu Vâlcea în 23 mai 1836, domiciliat la Tulcea.

- Iniţiat ucenic în 13 martie 1882.

Descendent al unei familii de mici boieri din Râmnicu Vâlcea - având ca strămoş pe Iacov Lupu Mazilu -, Dimitrie G. Capelleanu a publicat, sub formă de broşură, o genealogie a familiei sale. Din ea reiese rudenia sa cu fraţii Ionel, Vintilă şi Dinu Brătianu, prin mama lor, Caliopi născută Pleşoianu, care, la rândul său, venea, pe linie feminină, din neamul Capellenilor. Numele lor provenea de la dealul Capelă din Râmnicu Vâlcea.

GEORGE CARAVIA

- Comerciant, născut la Tulcea în 14 ianuarie 1854, domiciliat la Tulcea.

ALEXANDRU CIHOSCHI

- Inginer-şef, domiciliat la Galaţi.

Alexandru Cihoschi provenea dintr-o familie de nobili polonezi (informaţiile despre el şi familia sa provin de la strănepoata sa, doamna Madeleine Veron, Paris, 30 mai 1992). El a emigrat în România în contextul evenimentelor revoluţionare din Polonia din secolul XIX.

Împreuna cu soţia lui, Eugenie născută Dobjansky, Alexandru Cihosky a avut 6 copii. Între aceştia, Hernri Cihoski împreună cu fratele său Alexandru Cihoski (general de cavalerie) au urmat cariera militară. A nu se confunda numele masonului membru al lojii „Progresul Dobrogei" Alexandru Cihosky cu cel al fiului său - tot Alexandru Cihoski - care a urmat cariera militară şi a ajuns general.

Hernri Cihoski, al treilea copil al masonului din Tulcea, Alexandru Cihosky, a ajuns general al Armatei Române şi este cunoscut pentru că a condus lupte grele pe fronturile de la Mărăşeşti şi a primit multe decoraţii printre care *Legiunea de Onoare* în cele trei grade: cavaler, ofiţer şi comandor şi *Ordinul Mihai Viteazul*. Cariera lui în armată l-a condus şi la poziţia de Ministru al Apărării Naţionale, dar şi cea de senator de drept şi membru al Consiliului Suprem de Apărare Naţională. Generalul a fost arestat, împreună cu toţi foştii demnitari ai ţării, în noaptea de 5 mai 1950 şi dus la Sighet unde şi-a găsit sfârşitul.

PAUL STĂTESCU

- Paul Stătescu s-a născut în Bucureşti la 12 martie 1846.

- Iniţiat ucenic în 17 martie 1883, în loja „Progresul Dobrogei", avansat calfă în 20 noiembrie 1883, promovat maestru, în aceeaşi dată.

Foarte interesantă este o scrisoare ce este citată de către M.S. Rădulescu, scrisoare ce se găseşte în arhiva „Biblioteca Naţională a Franţei, în Fonds Maçonnique, dosarul L.Progrès de la Dobrudscha. Correspondance 1881 - 1882".

Scrisoarea datează din 13/25 ianuarie 1882. În această scrisoare, membrii lojii „Progresul Dobrogei" se plângeau de şicanele pe care le sufereau din partea prefectului Stătescu, fratele ministrului de Interne Eugeniu Stătescu.

Interesant este faptul că am găsit mai multe surse care fac referire la această situaţie apreciind că există o similitudine cu cazul, evident mai marcant, al lui Ion C. Brătianu care şi el fiind iniţiat francmason, a practicat în acei ani o politică antimasonică.

Astfel se consideră că şi Paul Stătescu, prefect de Tulcea, a acţionat identic, făcând „şicane" masonilor din Tulcea, deşi el făcuse sau chiar era membru al ordinului francmasonic.

Aici este cea mai mare eroare, deorece la data trimiterii scrisorii către Marele Orient al Franţei, Prefectul Paul Stătescu nu era membru al francmasoneriei.

Este desigur posibil ca „şicanele" pe care le făcea masonilor să fi fost o modalitate de de a le atrage atenţia că ar fi fost mai bine pentru ei dacă şi el, Paul Stănescu ar fi fost primit în organizaţie.

Sau, de ce nu, în urma „şicanelor" făcute de către Paul Stătescu în calitatea sa de Prefect, fraţii masoni au început să poarte discuţii cu acesta pentru a lămuri situaţia şi temele care stăteau la baza atitudinii acestuia. Este posibili ca în urma discuţiilor purtate (nu este un caz singular în istoria masoneriei române - vezi cazul lui Paul Petrescu - Magistrat şi loja „Steaua Dunării") şi în urma înţelegerii principiilor masoneriei şi a modalităţii de derulare a activităţii masonice, Paul Stătescu să îşi fi schimbat atitudinea şi chiar să fi solicitat iniţierea în francmasonerie.

Despre Paul Stătescu există documente care atestă apartenenţa lui la francmasonerie ulterior anului 1882 când a fost trimisă scrisoarea către Marele Orient al Franţei.

Conform managerului bibliotecii judeţene „Panait Cerna" Tulcea, dr. Ligia Dima, biografia lui Paul Stătescu este impresionată:

„După terminarea a 4 clase liceale, a intrat în şcoala militară. În anul 1865 a fost promovat la gradul de sublocotenent şi trecut în Batalionul 1 de vânători, în care a servit până în anul 1873, când a fost numit raportor în cadrul Consiliului de Război în capitală. Ca locotenent a fost detaşat ca instructor la şcoala militară din Iaşi, unde a funcţionat până în 1872, când s-a căsătorit şi a fost mutat la batalion.

În anul 1873 a obţinut gradul de căpitan şi s-a înscris la Facultatea de Drept din Bucureşti. După două examene a fost trimis în Paris, în anul 1875, pentru a-şi completa studiile, fiind ataşat pe lângă consiliul de război din Paris.

În timpul războiului a fost chemat în ţară unde, după încheierea campaniilor militare, a fost decorat cu Ordinul Steaua României şi Medalia Apărătorilor Independenţei.

În anul 1881 a obţinut diploma de licenţă în drept a facultăţii din Paris, tot acolo a fost ataşat militar pe lângă legaţiunea română, fiind decorat de guvernul francez cu Legiunea de Onoare, de cel belgian cu Ordinul Leopold şi de cel olandez cu Ordinul Coroana de stejar.

Reîntors în ţară a fost numit prefect al judeţului Argeş, apoi prefect al judeţului Tulcea, unde a rămas în funcţie până în anul 1888.

În tot acest timp a înzestrat judeţul cu o reţea importantă de şosele, toate comunele judeţului au fost înzestrate cu biserici frumoase şi localuri de şcoli curate.

În anul 1895, Paul Stătescu a fost numit încă o dată prefect al judeţului Tulcea, dar, după câteva luni, a fost mutat în funcţia de prefect al poliţiei capitalei."

LOJA PROGRESUL DOBROGEI ÎN ANUL 1883

Un element de necontestat în istoria masoneriei tulcene este Tabelul sinoptic referitor la structura lojii „Progresul Dobrogei" din Orientul Tulcea (România).

Conform articolului „Reflecţii asupra începuturilor francmasonice în Tulcea" publicat în data de 23 februarie 2014 pe blogul https://mistereledunarii.wordpress.com/ sub semnătura autorilor Alexandru Stroie şi Nicolae C. Ariton, accesat în 08.05.2022 (https://mistereledunarii.wordpress.com/2014/02/23/reflectii-asupra-inceputurilor-francmasonice-in-tulcea/), am aflat că există un document descoperit în colecţiile Institutului de Cercetări Eco-Muzeale din Tulcea. În articol se menţionează:

„Un astfel de document a cărui fotocopie ne-a parvenit spre onoarea noastră, este un act oficial care atestă existenţa unei prestigioase tradiţii francmasonice la Tulcea. Documentul este un tabel sinoptic referitor la structura lojii „Progresul Dobrogei",

LIBERTÉ, ÉGALITÉ, FRATERNITÉ

AU NOM ET SOUS LES AUSPICES DU GRAND ORIENT DE FRANCE.

TABLEAU

POUR L'ANÉ¡ 1883 E∴ V∴

DES MEMBRES

de la

R∴ L∴ LE PROGRÈS DELA DOBROU CHA. OR∴ DE TOULTSCHA, ROUMA....

Orientul Tulcea, România. Redactarea s-a făcut în limba franceză în totalitate.

Tabelul descoperit de noi, în colecţiile Institutului de Cercetări Eco-muzeale din Tulcea, provine dintr-o depunere la muzeu produsă în 1953 a unui lot de documente confiscate, probabil, de la un descendent al unui fost membru al lojii. Are dimensiunile unui afiș (42×34 cm), hârtie de culoare sepia; conţine patru rubrici: funcţia în cadrul lojii, numele şi prenumele, profesia şi gradul masonic."

Am căutat acest document atât la locul din care sursa a specificat că l-a găsit/accesat, respectiv „Institutul de Cercetări Eco-muzeale din Tulcea" la Arhivele Muzeului, precum şi la Bibliotecă din Tulcea.

Se pare că documentul este de negăsit şi nimeni nu are cunoştinţă despre el.

Important este că l-am putut accesa şi descărca de pe pe blogul https://mistereledunarii.wordpress.com/ şi vi-l prezint în continuare.

Tabelul este redactat în limba franceză.

Încă din antet se poate observa faptul că loja „Progresul Dobrogei" funcţiona la acel moment „în numele şi sub auspiciile Marelui Orient al Franţei", iar dictonul „Libertate, Egalitate, Fraternitate" semnalează subordonarea faţă de sistemul de lucru al Marelui Orient, spre deosebire de cel al Marii Loji care avea în antet o altă sintagmă.

Tabelul prezintă „Ofiţerii Demnitari" ai lojii în partea superioară şi separat mai jos pe ceilalţi membri activi.

OFF∴ DIGNITAIRES

DIGNITÉS	NOMS ET PRÉNOMS	PROFESSIONS	GRADES MAÇ∴	DIGNITÉS	NOMS ET PRÉNOMS	PROFESSIONS	GRADES MAÇ∴
Vén∴ d'honneur	Petresco Theodore	Major d'Infanterie	R∴ C∴ +	Port Dr∴	Strasser Wilhelm	Négociant	M∴
Vénérable	Steria Léonida	Avocat	R∴ C∴ +	I. M∴ de Cér∴	Cociu George	Pharmacien	M∴
I. Surv∴	Luchian Rafael	L-t d'Infanterie	M∴	II. M∴ de Cér∴	Sterea Lascar	Major d'Infanterie	M∴
II. Surv∴	Munteano Ioan	Greffier Trib.	M∴	Archiv∴	Ornstein Jacques	Négociant	M∴
Orat∴	Ratesco George	Avocat	M∴	Archit∴	Tomesco Theodosie	Greffier* Appel	M∴
Secrét∴	Mairin Louis	Négociant	M∴	I. Exp∴	Sigmund Stein	Comptable	M∴
Gr∴ Exp∴	Kelsen Adolf	Négociant	M∴	II. Exp∴	Flamm Emil	Négociant	M∴
Tres∴	Poppovitz Emmanuel	Négociant	M∴	M∴ de B∴	Berberovich Vladislas	Agent	M∴
Hosp∴	Bergmann Abraham	Négociant	M∴	Couv∴	Prohasca Anton	Brasseur	M∴

Sunt menţionate foarte exact, poziţia (funcţia) deţinută în lojă, numele şi prenumele, statutul social şi gradul masonic. Foarte interesant este de remarcat numărul membrilor lojii.

MEMBRES ACTIFS

NOMS ET PRÉNOMS	PROFESIONS	GRADES MAÇ.·.	NOMS ET PRÉNOMS	PROFESSIONS	GRADES MAÇ.·.
Ellmann Samuel	Négociant	R.·. C.·. +	Schapira Max	Comptable	M.·.
Alexandresco Basile	Capit. d'infanterie	M.·.	Dinermann Chain	Négociant	A.·.
Minculesco George	Rentier	M.·.	Logadi Necola	Télégraphiste	M.·.
Walker James	Rentier	M.·.	Theodorof Theodor S.	Élève Consule	A.·.
Lichtenstein Ignatz	Pharmacien	A.·.	Teodoresco Constantin	Instituteur	A.·.
Dragusin Marin	Capit. d'infanterie	M.·.	Blanitza Necola	L-t d'infanterie	A.·.
Tanasesco Anghel	L-t d'infanterie	A.·.	Nicolesco Nitza	Élève en pharmacie	A.·.
Alevra Theodor	Chef de la Police	M.·.	Mano Alexandre	L-t d'infanterie	A.·.
Constantinescu Miltiadi	Capit. d'infanterie	M.·.	Giossano Necola	L-t d'infanterie	A.·.
Dragosi André	L-t d'infanterie	A.·.	Chiriak Panait	L-t d'infanterie	A.·.
Draganof Zacharie	Docteur en médecine	A.·.	Borsan Paul	L-t d'infanterie	A.·.
Baldovin Ioan	Capit. d'Artilerie	M.·.	Melinesco Démétre	Pharmacien	M.·.
			Bogliaco Adrian	Docteur en médecine	A.·.

Datele demografice existente cu privire la acea perioadă arată că în Tulcea trăiau aproximativ 18.000 persoane.

Din acest număr, este evident că statistic elita unui oraş, respectiv cei care beneficiau de studii şi ocupau poziţii sociale şi/sau politico-economice era foarte redusă.

Cu toate acestea, la acea dată, observăm un număr de 43 masoni activi în lojă, la numai 3 ani de la reconstituirea acesteia sub jurisdicţia Marelui Orient al Franţei. Remarcabil este faptul că în acea perioadă în marile oraşe ale României nu existau multe loji care să cuprindă în registrul matricol un asemenea număr de membri.

Chiar în perioada actuală, în anul în care documentez acest material, nu sunt multe loji masonice care să poată declara că au un număr de 43 membri activi.

Este interesant de remarcat componenţa socio-profesională a membrilor lojii „Progresul Dobrogei". Concret, în anul 1883, în loja „Progresul Dobrogei", cei 43 membri aveau următoarele profesii:

- 15 ofiţeri (printre care şeful Garnizoanei şi şeful Poliţiei locale)

- 9 comercianţi

- 5 medici şi farmacişti
- 4 avocaţi şi grefieri
- 2 rentieri
- 2 studenţi
- 1 institutor

Putem afirma că în mod evident prin structura organizatorică a societăţii, că majoritatea erau militari, deoarece principiile de promovare şi păstrare a tradiţiilor şi ritualurilor masonice, mai ales cele de origine franceză, care erau structurate pe o construcţie de tip militar/protocolar riguros erau mult mai uşor de acceptat şi de însuşit de către ofiţerii de carieră.

În general masoneria este o organizaţie ce îşi are structura de organizare şi desfăşurare a ritualurilor pe o bază riguroasă cu multe elemente împrumutate din sistemul militar. Poate şi de aceea era mult mai uşor pentru ofiţeri să se integreze în număr mare în lojile masonice.

În acelaşi timp nu trebuie exclus faptul că modul de relaţionare şi viaţa trăită destul de mult timp în acelaşi grup pentru cei care îmbrăţişaseră cariera militară era favorabilă transmiterii informaţiei legată de existenţa acestei organizaţii şi posibilitatea integrării şi deschiderii către masonerie.

O altă caracteristică importantă pentru acea perioadă în ceea ce îi privea pe ofiţerii de carieră era schimbarea locului în care îşi desfăşurau activitatea. Când erau mutaţi în alte Garnizoane la intervale regulate de timp, apartenenţa la masonerie le uşura integrarea în noul grup de camarazi, fără să mai luăm în calcul un aspect „speculativ" legat de posibilitatea găsirii unui superior ierarhic în noua lojă, ceea ce le putea asigura o „viaţă" mai facilă în noua garnizoană.

O a doua categorie ca şi număr de membri ai lojii era constituită din oamenii de afaceri care în acea perioadă erau definiţi ca şi „comercianţi", marea lor majoritate evrei.

Prezenţa lor numeroasă în lojă, dar şi ulterior dispariţia acestora, este justificată pe deplin din informaţiile publice existente la nivelul acestei comunităţi cu privire la istoria membrilor săi, în oraşul Tulcea.

Despre comunitatea evreiască din Tulcea, ai cărei membri cu prezenţă activă în zona comerţului sau a altor afaceri erau foarte bine reprezentaţi în loja „Progresul Dobrogei", aflăm de la Carol Feldman, din cartea *„De unde am venit... Despre evreii din Tulcea"*, Editura Hasefer, 2004:

„Aşezarea evreilor în Tulcea a început la sfârşitul secolului al XVIII-lea şi începutul celui de-al XIX-lea. Numărul lor a crescut după 1877, an în care Tulcea a intrat în componenţa României. Factorul principal a fost stabilirea în urbe a evreilor din Basarabia de Sud, Odessa şi Galiţia. Conform datelor existente, în 1883 locuiau în Tulcea 250 de familii evreieşti. În 1894 numărul evreilor era de 1.870, iar în 1899 acesta a ajuns la 1903, ceea ce reprezenta 10% din populaţia oraşului. În deceniile următoare, ponderea populaţiei a înregistrat un declin. În 1907, a scăzut la 1.773 de persoane, iar în 1913 la 1.553."

Regresul demografic al evreilor s-a făcut simţit în timp şi în prezenţa acestora în loja „Progresul Dobrogei" unde în afară de fluctuaţia firească datorată mediului de afaceri din acea perioadă, aceste informaţii demografice confirmă pe de o parte prezenţa unui număr mare de fraţi în perioada 1880-1890 şi apoi o reducere substanţială a prezenţei acestora.

Una dintre cauzele acestui regres a fost plecarea forţată a evreilor care nu erau născuţi în Tulcea.

Carol Feldman explică în continuare situaţia reală a membrilor comunităţii evreieşti din acea perioadă: *„Evreii din Tulcea au fost victime ale practicilor discriminatorii încă de la sfârşitul secolul al XIX-lea. În acea perioadă, s-a interzis stabilirea în oraş a evreilor care nu erau născuţi în localitate, iar în 1896 mai mulţi evrei au fost alungaţi din Tulcea, pe motiv că nu erau născuţi în oraş.*

În 1915, mai multe prăvălii deţinute de evrei au fost distruse sub pretextul că proprietarii lor ar fi fost socialişti. Primii vizaţi au fost comercianţii de origine evreiască, cărora le-au fost ridicate licenţele comerciale, iar unora dintre ei li s-a cerut să-şi predea magazinele.”

Comercianţii sau oamenii de afaceri membrii în loja „Progresul Dobrogei” reprezentau într-un anumit fel o „pătură socială” care asigura inclusiv comunicarea mai eficientă în afara zonei cu alte loji, dată fiind zona de activitate a acestora.

Dacă ofiţerii îşi derulau activitatea numai pe plan local, comercianţii erau nevoiţi să îşi extindă contactele şi în afara zonei, pentru a putea asigura funcţionarea optimă a activităţii curente. Interacţiunea lor cu masonii din alte zone putea asigura o extindere a conexiunilor masonice ale lojii în afara zonei de lucru.

Conform unor principii complet eronate care au ajuns să fie promovate tot mai mult în spaţiul public în zilele noastre, dar şi în interiorul masoneriei, există persoane care pot considera că aceşti comercianţi îşi făceau simţită prezenţa în lojile masonice pentru a-şi asigura o anumită „protecţie” de la cei care reprezentau autorităţile locale din acea zonă.

Acest mod defectuos în care în istoria modernă a acestei organizaţii pe teritoriul României unele conduceri (sau membri din echipele de conducere) din cadrul masoneriei au avut derapaje de gândire şi atitudine încurajând practicile mercantile, pot alimenta speculaţiile de mai sus.

Îmi doresc să cred că aceste potenţiale afirmaţii sunt punctuale şi se referă numai la anumite cazuri actuale care au fost făcute publice şi există dovezi clare că masonii s-au dezis de asemenea persoane.

Dealtfel, aceste practici şi conducerile care încurajau o astfel de gândire (nu numai atitudine) au fost amendate pentru îndepărtarea de la principiile masonice străvechi şi fraţii masoni au rezolvat eficient eliminarea celor care au pătat onoarea acestei organizaţii cu modul lor defectuos de a înţelege şi a aplica principiile universale ale francmasoneriei.

Convingerea mea este că, în acea perioadă, comercianţii reprezentau pătura socială care dispunea de fonduri materiale şi cu sprijinul acestora, lojile îşi puteau derula proiectele deschise către societate, care au reprezentat de fapt imaginea bună şi frumoasă pe care masoneria a avut-o întotdeauna în afara organizaţiei.

În rest, mai remarcăm ca şi membri în cadrul lojii „Progresul Dobrogei" din anul 1883, alte elite ale societăţii care fac cinste oricărei loji în care activează prin poziţia lor socială şi prin impactul lor pozitiv pe care îl au în societate. Aici mă refer la medici, avocaţi, studenţi, etc.

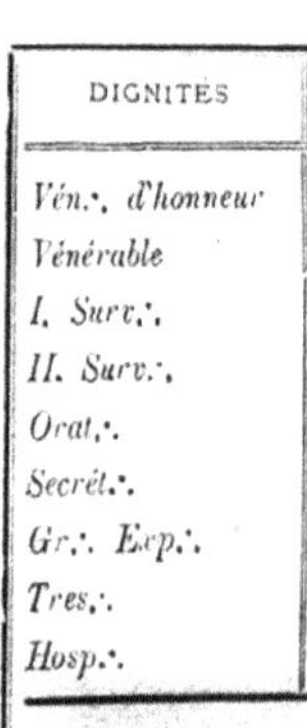

Ca şi grade masonice, dintre cei 43 de membri, 29 aveau gradul de maestru şi 14 pe cel de ucenic. Niciun membru nu deţinea gradul de calfă.

Dintre cei 29 maeştri, 3 erau membri ai Ritului de perfecţionare, deţinând Gradul 18 în capitulul de Roza-Croce, bănuiesc în cel cu denumirea „Disipolii lui Pitagora" care funcţiona la Galaţi.

Un alt fapt interesant de remarcat este cel legat de numărul „Ofiţerilor Demnitari" ai lojii.

Dacă în general în formă actuală de organizare în funcţie de ritualul pe care îl derulează o lojă numără între 10 şi 12 funcţii prevăzute atât în ritual cât şi în sistemul organizatoric executiv, din acest punct de vedere avem o surpriză, deoarece loja „Progresul Dobrogei" avea 18 „Ofiţeri Demnitari":

- Maestru Venerabil de Onoare
- Maestru Venerabil
- Prim Supraveghetor
- Al Doilea Supraveghetor
- Orator
- Secretar
- Mare Expert
- Trezorier
- Ospitalier
- Port Drapel
- Primul Maestru de Ceremonii
- Al Doilea Maestru de Ceremonii
- Arhivar (Păstrătorul sigiliului şi timbrului)
- Arhitect
- Primul Expert
- Al Doilea Expert
- Maestru de Banchete
- Acoperitor

Ţinutele lojii „Progresul Dobrogei" se desfăşurau săptămânal, în fiecare miercuri în templul din Strada Carol nr 4, clădirea fostului Hotel România (conform „Enciclopedia Ilustrată a Francmasoneriei din România", Editura Phobos, anul 2005, autor Horia Nestorescu-Bălceşti vol 3 pag. 92)

Adresa de corespondenţă pentru comunicările lojii în special cu „forul tutelar" reprezentat de către Marele Orient al Franţei era cea a Maestrului Venerabil, avocatul Sterie Leonida, respectiv la cabinetul său de avocatură.

În acelaşi document din anul 1883 în partea inferioară este consemnată legătura de amiciţie cu loja „L'Esprit Moderne" (Spiritul Modern) din Orientul Paris, fiind nominalizaţi şi cei care erau garanţii de amiciţie pentru relaţia cu aceasta lojă, respectiv fraţii francmasoni Philipon şi Primault.

Interesantă este, de asemenea, consemnarea legăturii cu loja „Unirea" din Ploieşti, în loc de o foarte aşteptată şi normală relaţie cu loja „Discipolii lui Pitagora" din Galaţi, în care au fost iniţiaţi mulţi dintre fondatorii lojii „Progresul Dobrogei".

O altă legătură a lojii „Progresul Dobrogei" cu „Discipolii lui Pitagora" este realizată prin apartenenţa la capitulului de Roza-Croce cu acelaşi nume din Galaţi a mai mulţi membri ai lojii „Progresul Dobrogei". De aceea pare surprinzătoare consemnarea unei relaţii de amiciţie cu o lojă din Ploieşti.

Şi atunci se pune întrebarea firească de ce pe Registrul Matricol comunicat de către loja „Progresul Dobrogei" către Marele Orient al Franţei apare ca lojă aflată în relaţie de amiciţie loja „Unirea" din Ploieşti.

Ploieştiul au fost oraşul reprezentativ din principala regiune petroliferă a ţării, ceea ce face ca şi istoria să masonică să fie de un deosebit interes.

În capitala prahoveană sub obedienţa Marelui Orient al Franţei au activat 3 loji: „Prahova", „Concordia" şi „Unirea".

Loja „Unirea" este o lojă care s-a constituit/regularizat în acelaşi an 1881 cu loja „Progresul Dobrogei", dar mult mai târziu. Dacă solicitarea înaintată de către tulceni a fost făcută în Februarie 1881 şi loja a fost consacrată în luna mai a aceluiaşi an, cererea trimisă Marelui Orient al Franţei pentru constituirea lojii „Unirea", este datată 18 noiembrie 1881 şi este semnată de către C. A. Sterescu.

Cei doi fraţi masoni nominalizaţi ca şi garanţi de amiciţie între loja „Progresul Dobrogei" şi loja „Unirea" erau fraţii C. A. Sterescu şi Zaharia Antinescu.

C. A. Sterescu era directorul al telegrafului şi poştelor, domiciliat la Ploieşti.

S-a născut la Bucureşti în 5 noiembrie 1839. A fost iniţiat ucenic în decembrie 1871, avansat calfă în iulie 1872 şi maestru, în ianuarie 1873, toate gradele au fost primite în loja „Egalitatea". El a fost secretar al lojii „Unirea" şi cavaler Roza-Croce (Rose - Croix).

Zaharia Antinescu (conform unor informaţii provenite din documentele capitulului „Discipolii lui Pitagora" de la Galaţi) era profesor, domiciliat în Ploieşti.

S-a născut la Braşov în 2 septembrie 1826. A fost iniţiat în anul 1879 şi promovat maestru la 7 mai 1880 în cadrul lojii „Prahova", din Obedienţa Lusitană Unită, cea care a girat fondarea Marii Loji Naţionale Romane condusă de Căpitanul Constantin Moroiu în septembrie 1880. A fost orator al lojii „Unirea" din Ploieşti. A primit gradul Roza-Croce (R.C.) la 20 octombrie 1883 în cadrul capitulului „Discipolii lui Pitagora" de la Galaţi (conform M.S. Rădulescu pe baza documentelor existente în arhive la Biblioteca Naţională a Franţei, în Fonds Maçonnique, dosarul

Le Chapitre de Pythagore. Correspondance 1876 - 1927).

Tot conform lui M.S. Rădulescu semnalez un aspect interesant:

„Zaharia Antinescu i-a fost institutor lui Caragiale la Ploieşti. A fost prototipul personajului lui Caragiale, Zaharia Trahanache."

LIBERTÉ, ÉGALITÉ, FRATERNITÉ

AU NOM ET SOUS LES AUSPICES DU GRAND ORIENT DE FRANCE.

TABLEAU

POUR L'ANÉ 1883 E∴ V∴

DES MEMBRES

de la

R∴ L∴ LE PROGRÈS DE LA DOBRU SCHA. OR∴ DE TOULTSCHA (ROUMANIE)

OFF∴ DIGNITAIRES

DIGNITES	NOMS ET PRÉNOMS	PROFESSIONS	GRADES MAÇ∴	DIGNITÉS	NOMS ET PRÉNOMS	PROFESSIONS	GRADES MAÇ∴
Vén∴, d'honneur	Petresco Theodore	Major d'Infanterie	R∴ C∴ +	Port Dr∴	Strasser Wilhelm	Négociant	M∴
Vénérable	Steria Léonida	Avocat	R∴ C∴ +	I. M∴ de Cér∴	Cociu George	Pharmacien	M∴
I. Surv∴	Luchian Rafael	Lt d'Infanterie	M∴	II. M∴ de Cér∴	Sterea Lascar	Major d'Infanterie	M∴
II. Surv∴	Munteano Ioan	Greffier Trb.	M∴	Archie∴	Ornstein Jacques	Négociant	M∴
Orat∴	Ratesco George	Avocat	M∴	Archit∴	Tomesco Theodosie	Greffier Appel	M∴
Secrét∴	Mairin Louis	Négocian	M∴	I. Exp∴	Sigmund Stein	Comptable	M∴
Gr∴ Exp∴	Kelsen Adolf	Négociant	M∴	II. Exp∴	Flamm Emil	Négociant	M∴
Tres∴	Poppovitz Emmanuel	Négociant	M∴	M∴ de B∴	Berberovich Vladislas	Agent	M∴
Hosp∴	Bergmann Abraham	Négociant	M∴	Cous∴	Prohasca Anton	Brasseur	M∴

MEMBRES ACTIFS

NOMS ET PRÉNOMS	PROFESIONS	GRADES MAÇ∴	NOMS ET PRÉNOMS	PROFESSIONS	GRADES MAÇ∴
Ellmann Samuel	Négociant	R∴ C∴ +	Schapira Max	Comptable	M∴
Alexandresco Basile	Capit. d'infanterie	M∴	Dinermann Chain	Négociant	A∴
Minculesco George	Rentier	M∴	Logadi Necola	Télégraphiste	M∴
Walker James	Rentier	M∴	Theodorof Theodor S.	Elève Consule	A∴
Lichtenstein Ignatz	Pharmacien	A∴	Teodoresco Constantin	Instituteur	A∴
Dragusin Marin	Capit. d'infanterie	M∴	Blanitza Necola	Lt d'infanterie	A∴
Tanasesco Anghel	Lt d'infanterie	A∴	Nicolesco Nitza	Elève en Pharmacie	A∴
Alevra Theodor	Chef de la Police	M∴	Mano Alexandro	Lt d'infanterie	A∴
Constantinescu Miltiadi	Capit. d'infanterie	M∴	Giossano Necola	Lt d'infanterie	A∴
Dragosi André	Lt d'infanterie	A∴	Chiriak Panait	Lt d'infanterie	A∴
Draganof Zacharie	Docteur en médecine	A∴	Borsan Paul	Lt d'infanterie	A∴
Baldovin Ioan	Capit. d'Artilerie	M∴	Melinesco Démètre	Pharmacien	M∴
			Bogliaco Adrian	Docteur en méde..	A∴

Vén∴
STERIA LÉONIDA

Orat∴
RATESCO GEORGE

I SURV∴
LUCHIAN RAFAEL

II. SURV∴
MUNTEANO IOAN

LE GARDE DES SCEAU ET TIMBRE
ORNSTEIN JACQUES

SECRÉT∴
MAIRIN LOUIS

Tres∴
POPPOVITZ EMMANUEL

Les ff∴ PHILIPON et PRIMAULT notres garants d'an. tié de la R∴ L∴
L'ESPRIT MODERNE Or∴ Paris.
Les ff∴ A STERESCO et ZAHARIA ANTINESCU notres garants d'amitié de la R∴ L∴ „UNIREA" Or∴ Ploeşti.

JOUR DE TENUE ——————— le Mercredi de chaque semaine

ADRESSE ——————— STERIA LÉONIDA (Avocat)

Toultscha (Roumanie).

LOJA PROGRESUL DOBROGEI ÎN ANUL 1885

Conform lui Mihai Sorin Rădulescu în lucrarea existentă la Arhivele Naţionale şi intitulată „Loji masonice din Ploieşti şi Tulcea în ultimele decenii ale veacului al XIX-lea" ce are la bază mai multe documente existente la Paris, în Biblioteca Naţională a Franţei, în Fonds Maçonnique, dosarul L.Progrès de la Dobrudscha", un tablou din anul 1885 al lojii „Progresul Dobrogei" arăta astfel:

Venerabil de onoare: **Theodor Petrescu**

- De profesie militar de carieră. Născut în anul 1843.

Despre el am detaliat în lista membrilor fondatori ai lojii.

Venerabil: **George Rătescu**

- De profesie avocat, născut la Piteşti în 20 septembrie 1844, domiciliat la Tulcea.

Despre el am detaliat în lista membrilor fondatori ai lojii.

Prim Supraveghetor: **Dimitrie G.Capelleanu**

- Preşedinte la Curtea de Apel, născut la Râmnicu Vâlcea în 23 mai 1836, domiciliat la Tulcea,

Despre el am detaliat în lista membrilor fondatori ai lojii.

Al Doilea Supraveghetor: **Paul Stătescu**

- Prefect al judeţului, născut în Bucureşti la 12 martie 1846.

Despre el am detaliat în legătură cu scrisoarea depusă de membrii lojii „Progresul Dobrogei" la Marele Orient al Franţei în anul 1882.

Orator: **Elefteriu Niculescu**

- Avocat al Statului.

Secretar: **Ioan George Munteanu**

- Grefier al Tribunalului, domiciliat în Tulcea.

Despre acest Munteanu apar referinţe multiple, deoarece în unele arhive este înregistrat ca Munteanu G. Ioan, în altele ca Munteanu George, sau Munteanu Ioan, dar şi ca Munteanu I. George.

Cert este ca toate aceste referinţe indică apartenenţa lui la loja „Progresul Dobrogei", deţinând diferite funcţii în cadrul acesteia, precum şi certitudinea deţinerii Gradului 18 în capitulul „Discipolii lui Pitagora" de la Galaţi.

O explicaţie a utilizării mai multor versiuni ale numelui poate fi utilizarea fiecăreia dintre ele în activitatea pe care o derula la Tribunal, la loja „Progresul Dobrogei" şi la capitulul „Discipolii lui Pitagora".

Dată fiind implicarea sa ca secretar şi în alte funcţii în cadrul lojii „Progresul Dobrogei", dar şi în activitatea executivă în capitulul „Discipolii lui Pitagora" este posibil să îşi fi dorit să nu apară încurcături şi discuţii cu privire la documentele pe care le redacta şi le semna în calităţile oficiale masonice. În mod evident, fiind şi grefier al Tribunalului, a dorit ca aspectele ce ţin de activitatea masonică să nu interfereze cu obligaţiile pe care le avea la tribunal.

Prin cercetări personale am descoperit că urmaşii lui duc mai departe tradiţia de apartenenţă la masonerie, dar discreţia pe care am promis-o în ceea ce priveşte identitatea celor aflaţi acum în viaţă care au legături cu masoneria, mă face să mă opresc aici cu detaliile despre acesta familie cu tradiţie masonică în oraşul Tulcea.

Trezorier: **Dimitrie Eliad**

- Şef de birou telegraf.

- Născut la Brăila în 9 mai 1847, domiciliat la Tulcea,

- Iniţiat ucenic în 28 februarie 1883, în loja „Progresul Dobrogei", avansat calfă în 19 noiembrie 1884, promovat maestru în aceeaşi zi şi în aceeaşi lojă.

Mare expert: **Adolf Kelsen**

- Comerciant, domiciliat în Tulcea.

- A fost iniţiat în anul 1872 în loja „Discipolii lui Pitagora" din Galaţi. S-a transferat în loja „Progresul Dobrogei" în 1882 ca maestru.

- În perioada 1883 - 1885 a deţinut funcţia de Mare Expert al lojii.

Implicarea lui în activitatea masonică a fost foarte activă. A fost şi membru în gradul 18 al capitulului de Roza-Corce „Discipolii lui Pitagora" din Galaţi.

A fost cosemnatar al circularei „Să se facă Lumină" adresată împotriva lui Constantin Moroiu şi Marii Loji Naţionale Române.

Ospitalier: **Franz Flamm**

- Comerciant, domiciliat în Tulcea.

- Fratele lui Emil Flamm (Arhitectul lojii în acel an).

Port-stindard: **Theodor Alevra**

- Șef de poliţie, născut la Galaţi în 20 iulie 1836, domiciliat la Tulcea.

Despre el am detaliat în lista membrilor fondatori ai lojii.

Primul maestru de ceremonii: **Anton Prochasca**

- Fabricant de bere; domiciliat în Tulcea.

- A fost iniţiat în anul 1882.

- În 1883 figura ca Acoperitor al lojii Progresul Dobrogei.

Se pare că este nepotul lui Josef Prohaska, cel care în 1862 îşi deschidea o fabrică de bere în Braşov. Fabrica s-a închis în 1890.

Este posibil ca o parte din utilaje să fi fost aduse în Tulcea de către nepotul său, Anton, care ar fi dezvoltat acest business cu fabricarea berii în această zonă unde nu exista concurenţă, aşa cum se întâmpla în zona Braşovului şi în alte oraşe din Transilvania sau chiar în Bucureşti.

Al doilea maestru de ceremonii: **Andrea Iconomopolu**

- Comerciant.

Arhivist: **Jacques Ornstein**

- Comerciant.

Arhitect: **Emil Flamm**

- Comerciant.

- Fratele lui Franz Flamm (Ospitalierul lojii în acel an).

Cel mai probabil este tatăl lui Robert Flamm, cel care

împreună cu inginerul Ştefan Bors (Primar al Tulcei în 1894, 1906, 1911-1912) au construit Palatul Pescăriilor Statului între anii 1910-1914, în baza unui contract de antrepriză încheiat la 10 martie 1910 cu Ministerul Agriculturii şi Domeniilor.

Conform unui raport al Comitetului Judeţean Tulcea privind reforma agrară din Tulcea din 1949, se specifica faptul că de la Robert Flamm din Tulcea s-au luat 25 de obiecte din aur (inele, brăţări, 141 de obiecte de argint, serviciu de masă, ceainice, tăvi, sfeşnice). Această informaţie este importantă cu privire la faptul că Familia Flamm a rămas în Tulcea cel puţin până la venirea comuniştilor la putere şi începerea prigoanei împotriva „burghezilor" şi a „chiaburilor".

Primul expert: **Theodosie Tomescu**

- Grefier la Curtea de Apel.

- În anul 1883 figura ca Arhitect al lojii, iar în anul 1844 a fost Primul Supraveghetor.

Al doilea expert: **Bernard Silbermann**

- Proprietarul tipografiei din Tulcea.

În anul 1885, la această tipografie, conform lui Horia Nestorescu-Bălceşti, s-a tipărit *„Constituţiunea Marelui Orient al Franţei"*, în ediţia lui J.M. Frank.

Maestru de banchet: **Dr. Andrian Bogliaco**

- Medic

Despre el am detaliat în lista membrilor fondatori ai lojii.

Acoperitor: **Abraham Bergmann**

- Negustor

Din documentele masonice pariziene, Mihai Sorin Rădulescu în lucrarea existentă la Arhivele Naţionale şi intitulată „Loji masonice din Ploieşti şi Tulcea în ultimele decenii ale veacului al XIX-lea" mai nominalizează şi alţi membri ai lojii „Progresul Dobrogei" care erau activi în anul 1885:

Max I. Schapira

- Militar, născut la Chilia Veche în 25 februarie 1859, domiciliat la Galaţi.

- Iniţiat ucenic în 16/28 decembrie 1881, în loja „Progresul Dobrogei", avansat calfă în 2/14 decembrie 1882, promovat maestru la aceeaşi dată, în aceeaşi lojă.

La 1 martie 1891, în loja „Unirea" din Ploieşti, între cei 23 membri se afla şi Max I. Schapira care figura ca bancher, domiciliat la Ploieşti, născut la Focşani în 1859, promovat maestru la 2/14 decembrie 1882, în loja „Progresul Dobrogei" de la Tulcea, afiliat lojei „Unirea" de la Ploieşti, la 11 aprilie 1890.

Datele legate de locul naşterii sunt diferite. Anul este acelaşi, precum şi informaţiile legate de parcursul masonic.

Surprinzătoare este schimbarea domeniului de activitate de la cel de „militar" la Tulcea şi apoi în 5 ani fiind înregistrat ca „bancher" la Ploieşti.

Constantin Comăneanu

- Doctor în medicină, născut la Bucureşti în 10 februarie 1849, domiciliat la Tulcea,

- Iniţiat ucenic în 21 octombrie 1882, în loja „Progresul Dobrogei", avansat calfă în 11/23 martie 1883, promovat maestru la aceeaşi dată şi în aceeaşi lojă.

Nicolae Giossanu

- Locotenent de infanterie, născut la Roman în 14 august 1854, domiciliat la Tulcea,

- Iniţiat ucenic în 8/20 septembrie 1882, avansat calfă şi

maestru în 27/9 mai 1883. În 1884 era Arhitectul lojii „Progresul Dobrogei"

Sergiu Cunescu

- Avocat, licenţiat în drept, născut la Bucureşti în 16 august 1838.

- Promovat maestru în 1870, în loja „Unirea" din Craiova, afiliat în loja „Progresul Dobrogei" la 15 aprilie 1885, domiciliat la Tulcea.

Numele este identic cu al inginerului şi politicianului român Sergiu Cunescu (n. 16 martie 1923, Bucureşti, România - d. 16 martie 2005) care a fost proiectant al unor renumite vehicule rutiere şi preşedinte al Partidului Social-Democrat Român (PSDR) între 1990 şi 2000.

Coincidenţa este foarte mare, dar dacă ne uităm mai atent la faptul că tatăl politicianului Sergiu Cunescu se numea Stavri şi era născut în Albania cu numele de Cuneska (transformat ulterior la venirea în România în Cunescu).

Stavri Cuneska a fost un jurist cunoscut, încă din tinereţe. În perioada anilor 1930 a fost secretar de stat în Ministerul Muncii şi Prevederilor Sociale, specialist în probleme de muncă.

Astfel, orice relaţie de rudenie între Stavri Cuneska (tatăl politicianului Sergiu Cunescu) şi Sergiu Cunescu masonul din Tulcea, născut în 1838 pare să fie doar o coincidenţă.

Trebuie remarcat faptul că în anul în care s-a născut politicianul Sergiu Cunescu (1923), masonul din loja „Progresul Dobrogei" Sergiu Cunescu ar fi avut 85 ani, iar Stavri Cuneska s-a născut în Albania şi nu în România.

Constantin N. Toneanu

- Prim-procuror, născut la Călăraşi în 6 octombrie 1855, domiciliat la Galaţi

- Iniţiat ucenic în 16 octombrie 1885 în loja „Progresul Dobrogei", avansat calfă în 28 decembrie 1885, promovat maestru în 28 decembrie 1885.

Constantin N. Toneanu a fost Prefect al Tulcei în perioada 28 decembrie 1895 - 30 iulie 1896.

Enache Cardaș

- Este primul pictor dobrogean atestat prin documente.

- Născut la 3 mai 1848, în Isaccea, decedat în 15 august 1938.

După absolvirea celor patru clase primare în comună natală, după obiceiul timpului, a fost trimis ca ucenic zugravului iconar Iorgu din Galaţi, renumit la Tulcea în acea perioadă.

În dorinţa de a se perfecţiona, pleacă la Academia de Arte Frumoase din Florenţa unde a studiat cu profesorii Gerafi, Fattori şi Marubini. Pentru a putea să îşi finalizeze studiile, Enache Cardaş a primit de la Prefectura judeţului, începând cu luna iulie 1886, suma de 450 lei lunar.

La finalizarea studiilor a fost numit la catedra de desen şi caligrafie a Gimnaziului clasic din Tulcea, imediat după întoarcerea sa de la Florenţa. Paralel cu activitatea de profesor, Enache Cardaş a executat exclusiv pictura de icoane pe lemn şi pictură bisericească în frescă.

Se pare că iniţierea lui Enache Cardaş în loja „Progresul Dobrogei" premergătoare anului 1886, a facilitat susţinerea lui pentru obţinerea bursei de studii, prin influenţa şi susţinerea membrilor lojii de la acea vreme.

Conform doamnei Cruceru Florica, în cartea „Artele în Dobrogea 1877-1940" (Editura Muntenia & Leda, 2002): *„Bisericile pictate de Enache Cardaş se află în comunele: Alibichioi, Altan-Tepe, Coslugea, Frecaţei, Niculiţel, Sarica, Sarichioi, Sarighiol, Somova, Sulina şi Zebil, din judeţul Tulcea; capela cimitirului din Tulcea, Biserica greacă din Tulcea, Bisericile Manăstirilor Cilic şi Cocoş din judeţul Tulcea şi Biserica din cartierul Anadalchioi din judeţul Constanţa"*.

FLUCTUAŢIA MEMBRILOR LOJII PROGRESUL DOBROGEI

Fluctuaţia membrilor lojii „Progresul Dobrogei" în perioada 1881 - 1885 era una semnificativă.

Cu siguranţă cea mai mare mobilitate o aveau ofiţerii de carieră, care erau transferaţi periodic şi constant în diferite alte garnizoane şi oamenii de afaceri/comercianţii evrei despre care ştim că au avut o existenţă foarte grea în acea perioadă, iar persecuţiile la care au fost supuşi i-au îndreptăţit să schimbe oraşul în care îşi desfăşurau activitatea. Alte motive pentru părăsirea oraşului, respectiv a lojii care sunt consemnate în afara persecuţiilor pentru comercianţii evrei, sunt posibile falimente, dezvoltare de afaceri sau încheiere activitate punctuală în oraş.

Este uşor de urmărit la nivel de membru înregistrat în cadrul lojii, luând ca referinţă registrele matricole din anii 1881, 1883 şi 1885 cum ofiţerii de carieră şi comercianţii nu mai apăreau ca membrii ai lojii de la o raportare la alta către Marele Orient al Franţei.

Luând ca bază de referinţă perioada 1881 - 1885 în care avem documente care atestă componenţa la nivel de nume şi analizând informaţiile existente în comunicările către Marele Orient al Franţei ce se păstrează la Paris, în Biblioteca Naţională a Franţei, în „Fonds Maçonnique", dosarul „L.Progrès de la Dobrudscha", putem concluziona că dintre cei 15 membri fondatori la 17/29 ianuarie 1881, regăsim numai 7 fraţi în anul 1883 (în Registrul Matricol) şi apoi, în 1885 numai 4 dintre cei înregistraţi în 1881.

Cu siguranţă fondatorii care nu au părăsit niciodată loja au fost Teodor Petrescu, George Ratescu, Theodor Alvera şi Adrian Bogliaco.

Raphael Luchian (sau Lukian) aflat pe lista fondatorilor, este inclus în Registrul Matricol din anul 1883 când deţinea funcţia de Prim Supraveghetor, dar ulterior nu se mai află în registrele lojii. Probabil dat fiind faptul că era Ofiţer de Infanterie, a fost transferat în alt oraş, la o altă garnizoană.

Celor 4 membri fondatori care au rămas în loja li s-au adăugat încă 5 fraţi care au dovedit constanţă în activitatea masonică şi au continuat să lucreze în această lojă şi după anul 1883, fiind incluşi în Registrul Matricol din 1885.

Cei 4 fraţi care figurează ca membri în documente oficiale atât în 1883 cât şi în 1885 şi nu au părăsit loja după ce au fost primiţi în aceasta au fost: Ioan G.Munteanu, Adolf Kelsen, Jacques Ornstein, Theodosie Tomescu şi Emil Flamm.

Astfel putem consemna faptul că între anul 1883 şi anul 1885 regăsim aceleaşi 9 nume de fraţi dintre numele existente în Registrul Matricol.

Ulterior anului 1885, dată fiind persecuţia evreilor din zonă, aşa cum a precizat mai devreme, este posibil ca Jacques Ornstein şi Emil Flamm sa fi părăsit şi ei loja.

Este interesant de urmărit genealogia familiilor celor 7 fraţi rămaşi în lojă şi poate găsim conexiuni de păstrare a tradiţiei în familie prin apartenenţa la organizaţia masonică în zilele noastre.

Cei 7 sunt: Teodor Petrescu, George Ratescu, Theodor Alvera, Adrian Bogliaco, Ioan G. Munteanu, Adolf Kelsen, şi Theodosie Tomescu.

Eu am găsit la trei dintre aceştia (Petrescu, Rătescu şi Munteanu) informaţii cu privire la urmaşii lor, care continuă tradiţia masonică în familie şi în acest an, 2023.

În mod concret, analizând informaţiile existente în materialul scris de către Mihai Sorin Rădulescu şi intitulat „*Loji masonice din Ploieşti şi Tulcea în ultimele decenii ale veacului al XIX-lea*" ce are la bază mai multe documente existente la Paris, în Biblioteca Naţională a Franţei, în Fonds Maçonnique, dosarul „L.Progrès de la Dobrudscha", situaţia concretă a numărului membrilor lojii „Progresul Dobrogei" era următoarea:

La 17/29 ianuarie 1881 (data solicitării de constituire) loja „Progresul Dobrogei" număra 15 membri.

- La 31 august 1881, loja cuprindea tot 15 membri.

- La 1 iulie 1882 în loja erau înregistraţi 30 membri.

- La 31 august 1882, loja conţinea 27 membri.

- La 28 februarie 1883, loja cuprindea 48 membri.

- La 31 august 1883, numărul membrilor era de 50.

- La 28 februarie 1884 sunt consemnaţi 30 membri.

- La 31 aug 1884 făceau parte din lojă 29 membri.

- La 28 februarie 1885 erau 52 membri.

Nu am găsit documente relevante şi credibile care să confirme o dată concretă la care lojă „Progresul Dobrogei" şi-a schimbat afilierea de la Marele Orient al Franţei la Marea Lojă Naţională Română, devenita ulterior Marea Lojă Naţională din România până în anul 1937 când aceasta a fost obligată să intre în adormire.

Cert este ca în istoria modernă a masoneriei din România, respectiv după anul 1993, când Marea Lojă Naţională din România şi-a reaprins luminile ca şi continuatoare a structurii masonice înfiinţată în septembrie 1880, loja „Progresul Dobrogei" există şi este activă.

ÎN LOC DE ÎNCHEIERE

Despre istoria modernă a lojii „Progresul Dobrogei", cei mai îndreptăţiţi să vorbească sunt actualii membri ai lojii care duc mai departe „lumina masonică" aprinsă în urmă cu peste 143 ani de către înaintaşii masoni pe aceste meleaguri.

Ştiu că în această lojă, păstrând tradiţia de la primele consemnări istorice, sunt membri de vază ai societăţii civile din oraşul şi judeţul Tulcea, dar discreţia şi respectul mă obligă să nu divulg niciun nume.

În ceea ce priveşte importanţa principiilor masonice şi aplicarea acestora în societate de către masoni, gazetarul Dan Arhire defineşte cel mai bine ideea de sistem masonic complet: *„Ceea ce este important este faptul că prin statutul său, modelul francmasonic este cel care întruchipează perfect şi just ideea de multiculturalitate prin transpunerea ritualică şi comportamentală a trei elemente fundamentale ale armonizării comunicării multiculturale: acceptarea, dialogul şi comuniunea."*

Pot spune că uneori m-am tot întrebat dacă este o coincidenţă sau nu faptul că sistemul gândirii masonice a fost conceput pentru modul în care întotdeauna în Tulcea, viaţa a funcţionat ca o îmbinare perfectă între principii, dorinţe şi realizări.

Consider că această lucrare este modul în care eu, ca tulcean, pot să ajut la dezvăluirea unor elemente ce ţin de istoria oraşului în care m-am născut, trăiesc şi în care alături de familie şi prieteni încerc să îmi aduc contribuţia la progresul acestei zone minunate.

Am zis!

Bibliografie

Gheorghe Bichicean, „În umbra Istoriei" Revista Lux Mundi, Nr 5, Septembrie 2018

George Bichicean, „Francmasoneria din România. Mitul fondator" (Editura Armanis Sibiu, 2022)

Bogdan Bucur, „Jean Pangal, documente inedite. 1932-1942. Contribuţii la analiza reţelelor sociale istorice", Editura Rao, 2016

Mihai Sorin Rădulescu, „Loji masonice din Ploieşti şi Tulcea în ultimele decenii ale veacului al XIX-lea. Contribuţii documentare din Arhivele franceze", http://arhivelenationale.ro/site/

Mihai Sorin Rădulescu, „Francmasoneria Româna în secolul XIX", Editura Nestor, Bucureşti, 2015

Horia Nestorescu-Bălceşti, „Enciclopedia Ilustrată a Francmasoneriei din România", Editura Phobos, Bucureşti, 2005

Horia Nestorescu-Bălceşti „Ordinul Masonic Român", Casa de Editură şi Presă „SANSA", 1993

Ligia Dima, „Progresele oraşului port Tulcea între anii 1878 1948", Editura Studis, 2015

Ligia Dima, „O călătorie prin oraşul Tulcea (1878 -1918) (I)", 2018, https://www.ziuaconstanta.ro/stiri/invitati/o-calatorie-prin-orasul-tulcea-1878-1918-i-658569.html, accesat online

Ligia Dima, „O călătorie prin oraşul Tulcea (1878 -1918) (II) - economie, administraţie şi populaţie", 2018, https://www.ziuaconstanta.ro/stiri/invitati/o-calatorie-prin-orasul-tulcea-1878-1918-ii-economie-administratie-si-populatie-galerie-foto-660301.html, accesat online

Ligia Dima, „O călătorie prin oraşul Tulcea (1878-1918) (III) - activitatea edilitară şi dezvoltarea economică", 2018, https://www.ziuaconstanta.ro/stiri/invitati/o-calatorie-prin-orasul-tulcea-1878-1918-iii-activitatea-edilitara-si-dezvoltarea-economica-galerie-foto-660855.html, accesat online

Siteul web Oficial al Şcolii Gimnaziale „Nifon Bălăşescu" Tulcea, https://www.scoalanifonbalasescu.ro/, accesat online

Nicolae C. Ariton şi **Alexandru Stroie**, „Reflecţii Asupra Începuturilor Francmasonice în Tulcea", 2014, https://mistereledunarii.wordpress.com/2014/02/23/reflectii-asupra-inceputurilor-francmasonice-in-tulcea/, accesat online

Nicolae C.Ariton, „Masonii şi tulcenii; cu toţii pe la 1870", 2012, https://mistereledunarii.wordpress.com/2012/11/10/masonii-si-tulcenii-cu-totii-pe-la-1870/, accesat online

Nicolae C.Ariton, „Nifon Bălăşescu şi Ismail Bey, fraţi tulceni...", 2013, https://mistereledunarii.wordpress.com/2013/07/21/nifon-balasescu-si-ismail-bey-frati-tulceni/, accesat online

Daniel Flaut, **Mihaela Iacob** şi **Dorel Paraschiv**, „Tulcea 1878-1948: Memoria unui Oraş", Editura Istros a Muzeului Brăilei, Brăila, 2012

Gheorghe Radu Stănculescu, „Dintr-o biografie a inginerului englez Sir Charles A. Hartley, Părintele Dunării", comunicare prezentată la Şedinţa din 30 Mai 2009 a Subcomitetului Regional CRIFST Constanţa, a Comitetului Român de Istorie şi Filozofie a Ştiinţei şi Tehnicii (CRIFST) de pe lângă Academia Română.

Carol Feldman, „De unde am venit... Despre evreii din Tulcea", Editura Hasefer, 2004

Cruceru Florica, „Artele în Dobrogea 1877-1940", Editura Muntenia & Leda, 2002

Şerban Eugen Savu, „300 de Întrebări, Răspunsuri şi Explicaţii pentru Ucenici", Editura Sanmeso, Bucureşti, 2022

Eugen Diţă, "Masoneria - Mituri, Legende, Realităţi", note de lucru din cartea cu acelaşi titul ce se va tipări în cursul anului 2023.

www.ingramcontent.com/pod-product-compliance
Lightning Source LLC
LaVergne TN
LVHW051107180726
843512LV00020B/1638